TRAINING Grundwissen
FRANZÖSISCH



Ursula Koelblin

# Französisch im 2. Lernjahr

## Aufgaben mit Lösungen

STARK

**Bildnachweis**
Umschlagfoto: Liam Heffernan

ISBN-13: 978-3-89449-686-9
ISBN-10: 3-89449-686-X


D-85318 Freising · Postfach 1852 · Tel. (08161) 1790

# Inhalt



*Fortsetzung siehe nächste Seite*

Autorin: Ursula Koelblin
Illustratorin: Rebecca Meyer

# Vorwort

**Liebe Schülerin, lieber Schüler,**

mit diesem Buch kannst du das Grundwissen des zweiten Lernjahrs Französisch wiederholen, deinen Kenntnisstand überprüfen und dich auf Klassenarbeiten vorbereiten.

- Alle wichtigen Grammatikthemen werden leicht verständlich erklärt und an Beispielen veranschaulicht.
- Anhand vieler abwechslungsreicher Übungsaufgaben trainierst du die Grammatik, erweiterst du deinen Wortschatz und übst du das Schreiben kürzerer Texte. Ein * kennzeichnet so genannte Knobelaufgaben, die besonders anspruchsvoll sind.
- Zu jeder Aufgabe findest du Lösungen oder Lösungsvorschläge, damit du deine Leistung überprüfen kannst. Sieh erst im Lösungsteil nach, wenn du eine Aufgabe vollständig bearbeitet hast. Und falls du mit einer Aufgabe Schwierigkeiten hast, markiere diese Aufgabe und wiederhole sie zu einem späteren Zeitpunkt.
- Im Anhang findest du eine Liste mit wichtigen unregelmäßigen Verben. Hier kannst du nachschlagen, wenn du die Formen eines Verbs nicht kennst.
- Viele Wörter, die du im Laufe des Schuljahrs lernst oder die wir in diesem Buch zusätzlich verwenden, findest du in der Liste schwieriger Wörter. Diese Liste kannst du auch nutzen, um deinen Wortschatz zu festigen und zu erweitern, indem du eine Spalte abdeckst und versuchst, die französische bzw. die deutsche Entsprechung zu finden.

Viel Freude und Erfolg bei der Arbeit mit diesem Buch wünscht dir

Ursula Koelblin

Ursula Koelblin

# … rund ums Nomen

## 1 Der Gebrauch des Artikels bei Ländernamen – *L'emploi de l'article avec les noms de pays*

Anders als im Deutschen stehen **Ländernamen** im Französischen **meist mit dem Artikel**. Du solltest deshalb immer gleich mitlernen, ob ein Land maskulin oder feminin ist.

*Beispiele:* La France est très belle. / Je visite souvent le Danemark.
*Frankreich ist sehr schön. / Ich besuche Dänemark oft.*

**Wie verwendest du den bestimmten Artikel bei Ländernamen?**
Willst du ein Land als Ziel (Frage: „wohin?"), als Aufenthaltsort (Frage: „wo?") oder als Herkunftsort (Frage: „woher?") angeben, so musst du einige Besonderheiten beachten:

- Das **Land** ist **Zielort** oder **Aufenthaltsort:**
  - Bei **femininen Ländernamen** steht ***en* ohne Artikel**.
  - Bei **maskulinen oder Ländernamen im Plural** steht ***à* + Artikel** (also: *au* bzw. *aux*).

  *Beispiele:* Je vais en Allemagne / Je suis en Allemagne.
  Je vais au Portugal. / Je suis au Portugal.
  Je vais aux Pays-Bas. / Je suis aux Pays-Bas.

- Das **Land** ist **Herkunftsort:**
  - Bei **femininen Ländernamen** steht ***de/d'* ohne Artikel**.
  - Bei **maskulinen oder Ländernamen im Plural** steht ***de* + bestimmter Artikel** (also: *du* bzw. *des*).

  *Beispiele:* Je viens de France. / Je viens d'Allemagne.
  Je viens du Portugal.
  Je viens des Pays-Bas.

**Aufgabe 1** Christophe hat in den Sommerferien mehrere Länder Europas besucht. Hier ist sein Reisebericht.
Ergänze die Lücken. Mache einen Strich, falls nichts eingetragen werden muss.

J'ai quitté ____________[1] France en juillet. D'abord, je suis allé ____________[2] Espagne, puis ____________[3] Portugal. Ce sont deux pays très beaux. Une semaine après, je suis parti ____________[4] Portugal pour retourner ____________[5] France. J'ai rendu visite à mes grands-parents, puis je suis allé ____________[6] Pays-Bas. ____________[7] Pays-Bas je suis allé au bord de la mer – super ! Après, je suis allé directement ____________[8] Angleterre – j'aime beaucoup Londres. ____________[9] Angleterre je suis allé ____________[10] Allemagne pour visiter Hambourg et Berlin. ____________[11] Allemagne je suis allé ____________[12] Italie – j'ai voulu voir Rome, bien sûr. ____________[13] Rome j'ai visité tous les vieux monuments. Ils sont très intéressants, mais il a fait très chaud. Une semaine après j'ai décidé d'aller ____________[14] Autriche, un pays très beau avec toutes ses montagnes. ____________[15] Autriche est vraiment belle, mais malheureusement on parle allemand ____________[16] Autriche, donc je n'ai rien compris ! Alors, j'ai pris le train et je suis parti ____________[17] Autriche pour aller ____________[18] Suisse, dans la partie française, bien sûr ! Est-ce que vous avez jamais acheté du chocolat suisse ? Il est super, je suis un expert maintenant ! Et le chocolat ____________[19] Suisse est vraiment le meilleur chocolat ____________[20] Europe, je pense. Et ____________[21] France on produit le meilleur nougat ! Après quatre jours ____________[22] Suisse j'ai dû rentrer …

Aufgabe 2 Daniela macht ein Praktikum bei einer Firma in Paris. Am ersten Tag kommt sie mit René ins Gespräch, der schon länger in der Firma arbeitet. René interessiert sich sehr für die Nachbarländer Frankreichs.
Ergänze die Lücken oder mache einen Strich, falls nichts eingetragen werden muss.

DANIELA : Bonjour. Je m'appelle Daniela et je viens __________ [1] Allemagne.

RENÉ : Salut. Je suis René. Tu parles __________ [2] français ?

DANIELA : Oui, je l'apprends à l'école. __________ [3] Allemagne, beaucoup d'élèves parlent __________ [4] français.

RENÉ : __________ [5] France et __________ [6] Belgique les élèves parlent plus __________ [7] anglais et __________ [8] espagnol.

DANIELA : Oui, il y a quelques différences entre __________ [9] Allemagne et __________ [10] France.

RENÉ : L'année dernière, mon ami Sébastien est allé __________ [11] Allemagne, et il a dit que vous êtes plus grands que nous.

DANIELA : C'est vrai. Mais il y a aussi beaucoup de personnes grandes __________ [12] Angleterre.

RENÉ : Moi, je vais souvent __________ [13] Pays-Bas, parce que ma tante habite __________ [14] Pays-Bas.

DANIELA : Et oui, __________ [15] Pays-Bas sont très beaux. Mais je préfère __________ [16] Portugal. Il fait souvent beau __________ [17] Portugal, et __________ [18] Pays-Bas il pleut souvent.

RENÉ : C'est vrai. Je visite souvent __________ [19] Espagne, et __________ [20] Espagne il fait aussi très chaud – et les gens sont très gentils.

DANIELA : Est-ce que tu parles __________ [21] espagnol ?

RENÉ : Non, mais je parle __________ [22] anglais et __________ [23] français, donc ça va.

## 2 Der Teilungsartikel – *L'article partitif*

Das Nomen steht im Französischen anders als im Deutschen fast nie alleine. In der Regel wird es von einem **bestimmten Artikel** (*le, la, les, l'*) oder von einem **unbestimmten Artikel** (*un, une, des*) begleitet. Bei einem Nomen kann aber auch der **Teilungsartikel** (*du, de la, de l', des*) stehen.

**Wann verwendest du den Plural des unbestimmten Artikels?**

Den Plural des unbestimmten Artikels (*des*) verwendest du, wenn es um eine unbestimmte Anzahl von zählbaren Dingen geht (z. B. Äpfel, Autos).

*Beispiel:* Nicole achète des pommes.

**Wann verwendest du den Teilungsartikel?**

Wenn es um eine **unbestimmte Menge nicht zählbarer Dinge** (z. B. Orangensaft, Brot) oder einen **abstrakten Begriff** (z. B. Sport, Lärm) geht, verwendest du den Teilungsartikel.

*Beispiel:* Nicole achète du jus d'oranges, de la limonade et de l'eau.
*Nicole kauft Orangensaft, Limonade und Wasser.*

**Beachte:**

- Nach *sans* steht kein Artikel.
  *Beispiel:* Elle arrive sans pommes et sans limonade.
- Nach Verben, die eine Vorliebe oder eine Abneigung ausdrücken – z. B. *aimer, adorer, préférer, détester* –, steht der bestimmte Artikel.
  *Beispiel:* Nicole aime le jus et la limonade mais elle déteste les pommes.

**Wie bildest du den Teilungsartikel?**

Der Teilungsartikel wird gebildet mit ***de* + bestimmter Artikel (*le, la, l', les*)**:

***de + le = du***
***de + la = de la***
***de + l' = de l'***
***de + les = des***

**Aufgabe 3** Was kauft Nicole alles ein? Schau dir die Bilder an und verwende den Teilungsartikel.

Nicole achète …

a) de la limonade

b) ______ jus d'oranges

c) ______ coca

d) ______ eau minérale

e) ______ café

f) ______ pain

g) ______ confiture

h) ______ thé

i) ______ chocolat

j) ______ gâteau

**Aufgabe 4** Sandrine ist vier Jahre alt. Sie hat beschlossen, *une tarte*, einen leckeren französischen Kuchen, zu backen. Ihre Zutaten sind etwas seltsam …
Setze den unbestimmten Artikel Plural, den Teilungsartikel oder nichts ein.

Sandrine fait un bon gâteau.

a) Elle prend d'abord _________ *lait (m.) et aussi _________ sucre.

b) Puis elle ajoute _________ *œufs (m.) – six ou sept.

c) Après elle met _________ *crème (f.) et _________ limonade. Mmh, c'est bon !

d) Oh, et il faut encore _________ fruits et _________ eau, _________ *farine (f.), _________ *sel (m.) et _________ chocolat.

e) Sa maman prend toujours _______________ alcool (m.), alors Sandrine met _________ pernod[1] (m.) et _________ bière (f.).

f) Sandrine aime _________ bonbons. Donc, elle ne veut pas faire son gâteau sans _________ bonbons. Elle préfère _________ bonbons aux *fraises (f.), et voilà, avec les bonbons le gâteau est fini. Bon appétit !

1 pernod (m.) – französischer Anisschnaps

**Aufgabe 5** Auch in Frankreich feiert man Silvester *(la Saint-Sylvestre)* im Familien- oder Freundeskreis. Danielle und ihr Bruder wollen eine Fete *(une boum)* für ihre Freunde organisieren. Sie überlegen, was sie noch besorgen müssen.
Setze den unbestimmten Artikel Plural, den Teilungsartikel oder nichts ein.

DANIELLE : Luc, est-ce que tu as acheté ___de la___[1] limonade et _________[2] coca ? C'est bête, une boum sans _________[3] coca.

LUC : Oui, oui, c'est fait. Mais il nous faut _______________[4] confiture pour les gâteaux et aussi _________[5] sucre.

DANIELLE : Non, grand-mère a déjà fait _______________[6] gâteaux – il y a trois tartes aux fruits.

LUC : C'est super. Maman va nous préparer _________[7] sandwichs, donc il faut acheter _________[8] pain et _________[9] beurre. Moi, j'adore _________[10] sandwichs de maman !

DANIELLE : Moi, je préfère ________[11] salade. Donc, il faut acheter ________[12] carottes, ________[13] *riz et ________[14] tomates pour une bonne salade.

LUC : Et il faut ________[15] café. Lucile veut toujours en boire une tasse à dix heures du soir.

DANIELLE : C'est vrai. Et n'oublions pas Dominique. Elle déteste ________[16] café, mais elle adore ________[17] chocolat. Il faut acheter ________[18] chocolat pour elle.

LUC : Oui, au supermarché alors. Et n'oublions pas tout ce qui'il nous faut pour un beau *feu d'artifice !

## 3 Pronomen und Begleiter – *Les pronoms et les déterminants*

**Pronomen sind Fürwörter, die Nomen ersetzen.**
Wenn du also statt

Monique achète une baguette.
Elle achète une baguette.

sagst, dann hast du ein Pronomen verwendet.

**Begleiter stehen** im Gegensatz zu Pronomen **nie alleine**, sondern immer zusammen mit einem Nomen.

*Beispiel:* Cette fille a une tante très gentille.

**Die indirekten Objektpronomen lauten:**
Singular *me, te, lui*
Plural *nous, vous, leur*

*Lui* steht für eine Person, ganz gleich ob sie männlich oder weiblich ist.

**Beachte:**
Verwechsle nicht das unveränderliche **Objektpronomen *leur*** mit dem **Possessivbegleiter *leur*/*leurs***, der einen Besitz anzeigt und der sich in Geschlecht und Zahl nach dem folgenden Substantiv richtet. Das Objektpronomen *leur* steht immer vor einem Verb, der Possessivbegleiter *leurs/leurs* immer vor einem Nomen.

*Beispiele:* Je leur donne un livre. (*leur* = Objektpronomen)
Leur voiture est dans le garage. (*Leur* = Possessivbegleiter)

## 3.1 Pronomen als indirektes Objekt – *Le pronom complément d'objet indirect*

**Wann verwendest du indirekte Objektpronomen?**

Das indirekte Objektpronomen **ersetzt einen Ausdruck mit *à***. Merke dir deshalb bei den Verben immer gleich, ob das Objekt mit oder ohne *à* angeschlossen wird.

*Beispiele:* Paul donne un livre à Nicole. (donner quelque chose à quelqu'un)
Paul lui donne un livre. (wem? → ihr)

Paul donne un livre à Jeanne et Pierre.
Paul leur donne un livre. (wem? → ihnen)

**Wo steht das indirekte Objektpronomen im Satz?**

Im Satz gelten für die indirekten Objektpronomen die gleichen **Stellungsregeln wie für die direkten Objektpronomen**. Sie stehen

- vor dem konjugierten Verb,
  *Beispiel:* Elle lui montre la photo.
  Elle lui a montré la photo.
- innerhalb der Verneinungsklammer,
  *Beispiel:* Elle ne leur donne rien.
- vor dem Infinitiv, zu dem sie gehören.
  *Beispiele:* Elle va te téléphoner.
  Elle ne va pas vous ouvrir la porte.

**Wie unterscheidest du zwischen Subjekt- und Objektpronomen?**

Pronomen können verschiedene Positionen im Satz einnehmen. Sie können Subjekt sein und heißen dann **Subjektpronomen**.

*Beispiel:* Elle mange une pomme.

Sie können Objekt sein und heißen dann **Objektpronomen**. Es gibt direkte und indirekte Objektpronomen. Die direkten Objektpronomen *(me, te, le, la, nous, vous, les)* kennst du ja schon. Direkte und indirekte Objektpronomen unterscheidest du, indem du Fragen stellst.

- Nach dem **direkten Objekt** fragst du meist mit **„wen oder was?"**.
  *Beispiel:* Nicole mange une pomme. Nicole la mange.
- Nach dem **indirekten Objekt** fragst du meist mit **„wem?"**.
  *Beispiel:* Pierre donne la pomme à Nicole.

Aufgabe 6 Nadine schreibt heute einen Test *(un contrôle)*, auf den sie sich gründlich vorbereitet hat.

In folgendem Text findest du hinter einigen unterstrichenen Objekten oder Objektpronomen eine Lücke. Trage ein, ob es sich um ein direktes oder ein indirektes Objekt bzw. Objektpronomen oder um einen Possessivbegleiter handelt!

Aujourd'hui Nadine ne veut pas aller à l'école. Aujourd'hui elle va écrire *un contrôle (direktes Objekt[1]). Elle n'aime pas les contrôles (__________[2]), surtout en maths ! Hier elle a beaucoup travaillé, elle a montré tout son travail à son père (__________[3]) et tout était correct.

Nadine entre dans la cuisine et dit à sa mère (__________[4]) :

- Tu me (__________[5]) prépares une baguette (__________[6]) ?
- Oui, bien sûr. Je te (__________[7]) donne aussi une limonade et une banane (__________[8]), c'est bon pour les contrôles. Écoute, ta tante Claudine est tombée et elle ne peut pas marcher. Est-ce que tu peux aller la (__________[9]) voir après l'école ?
- D'accord. Je peux aussi aller à la boulangerie et lui acheter du pain (__________[10]).
- C'est une bonne idée, cela va lui (__________[11]) plaire. Je vais t' (__________[12]) écrire une liste pour la boulangerie.
- D'accord. Je vais la (__________[13]) mettre dans la poche de mon jean.

Deux heures plus tard, Nadine écrit le contrôle (__________[14]). Ce n'est pas trop difficile. Le prof leur (__________[15]) a donné les exercices et Nadine mange sa banane (__________[16]) – tout va bien. Les élèves ont déjà écrit beaucoup sur leurs (__________[17]) papiers quand le prof dit à Nadine (__________[18]) :

- Tu as un papier (__________[19]) dans ta poche. Tu le (__________[20]) mets tout de suite sur la table ! Ce sont les solutions des exercices ?
- Mais non, monsieur, . C'est une liste pour ma tante qui est malade. Je vous (__________[21]) la (__________[22]) montre !

Aufgabe 7 **Qu'est-ce qui te plaît ?** (plaire à quelqu'un !)

Jeder Mensch hat andere Vorlieben. Die Tabelle gibt an, wer was gerne tut. Ergänze die Sätze und setze die indirekten Objektformen ein.

| | faire la cuisine | travailler | regarder la télé | téléphoner | lire un livre |
|---|---|---|---|---|---|
| Nadine | + | – | + | + | – |
| Luc et Janine | – | – | – | + | + |
| M. Laubier | – | + | – | – | + |
| Sébastien | – | – | + | + | – |
| Sandrine et Fabien | + | + | – | – | + |
| Maman | + | – | + | + | – |

a) Faire la cuisine, ça te plaît, Nadine ? – Oui, ça me plaît.

b) Regarder la télé, ça te plaît, maman ? – Oui, ______.

c) Travailler, ça vous plaît, Sandrine et Fabien ? – Oui, ______.

d) Regarder la télé, ça vous plaît, Luc et Janine ? – Non, ça ne ______ plaît pas.

e) Lire un livre, ça te plaît, Sébastien ? – Non, ______.

f) Regarder la télé, ça plaît à Sébastien ? – Oui, ça ______ plaît.

g) Faire la cuisine, ça plaît à maman ? – Oui, ______.

h) Lire un livre, ça plaît à maman ? – Non, ça ne ______ plaît pas.

i) Téléphoner, ça plaît à M. Laubier ? – ______.

j) Téléphoner, ça plaît à Luc et Janine ? – ______.

Nun bilde selbst einige Fragen und Antworten zu der Tabelle.

j) ______?

______.

k) ______?

______.

l) ______?

______.

**Aufgabe 8** Anne hat Besuch von Michel, einem Jungen aus ihrer Klasse. Ihre Mutter ist furchtbar neugierig, schaut dauernd in ihr Zimmer und stellt lästige Fragen. Ergänze die indirekten Objektpronomen.

MÈRE : Ah, tu montres des photos à Michel.

ANNE : Oui, je lui_______________[1] montre des photos.

MÈRE : Vous écrivez une lettre à votre prof ?

ANNE : Non, nous ne _______________[2] écrivons pas de lettre. Nous faisons les devoirs.

MÈRE : Et tu expliques les devoirs à Michel ?

ANNE : Oui, je _______________[3] explique les devoirs de français.

MÈRE : Je peux _______________[4] apporter du gâteau, Anne et Michel ?

ANNE : Oui, tu peux _______________[5] apporter du gâteau, merci.

MÈRE : Anne, tu veux de la limonade ?

ANNE : Oui, tu peux _______________[6] donner un verre, s'il te plaît.

MÈRE : Michel, tu n'aimes pas la limonade, donc je peux _______________[7] offrir un coca.

MICHEL : Oui, merci.

MÈRE : Anne, c'est l'anniversaire de tante Irène et de tante Sophie la semaine prochaine. Tu vas _______________[8] écrire une lettre ?

ANNE : Oui, maman.

MÈRE : Et dis à ton père qu'il faut téléphoner aux tantes.

ANNE : Oui, je vais _______________[9] dire qu'il faut _______________[10] téléphoner. Mais écoute, maman, nous partons maintenant. Nous ne pouvons pas travailler comme cela. Tu _______________[11] parles tout le temps et cela nous dérange !

**Aufgabe 9** Schau dir die folgenden Bilder an, auf denen sich Menschen gegenseitig helfen. Bilde dann mithilfe der Stichwörter einen Satz und verwende dabei ein indirektes Objektpronomen.

a) 

ouvrir/porte
Attendez, je vous ouvre la porte.

b) 

montrer/ville
Je ______________________________

c) 

écrire/liste
Je ______________________________

d) 

faire/thé !
Je ______________________________

e)

demander/renseignement
Je ______________________________

f)

*recommander/ce livre
Qu'est-ce que j'achète ? – Le vendeur
______________________________

g)

donner/bonbons
La voisine ______________________________
______________________________

h)

offrir/glace
L'enfant a oublié son argent. Le vendeur __________
______________________________

i)

dire/qu'il faut arrêter/musique
Je vais ______________________________
______________________________

**Aufgabe 10** Tamara und Stefan nehmen an einem Austausch mit französichen Jugendlichen teil. Sie sind nun bei ihren Partnern Antoine und Fabienne in Frankreich.
*leur* oder *leur/leurs*? Fülle die Lücken aus.

Tamara et Stefan sont chez ___________ [1] amis Antoine et Fabienne en France.

Fabienne et sa mère mettent la table.

FABIENNE : Maman, Tamara et Stafan ont oublié ___________ [2] pyjamas. Tu peux ___________ [3] donner un pyjama de papa ?

MAMAN : Oui, d'accord. Et il faut que tu ___________ [4] racontes aussi que les lits en France ne sont pas comme ___________ [5] lits en Allemagne.

FABIENNE : Oui, oui. Ils ont déjà mis ___________ [6] valises sur les lits, donc ils le savent. Où est-qu'ils peuvent mettre ___________ [7] vêtements ?

MAMAN : Tu as une armoire vide dans ta chambre, non ? Donc, tu peux ___________ [8] offrir cette armoire. Ils peuvent mettre toutes ___________ [9] affaires là dedans. Qu'est-ce que vous faites ce soir ?

FABIENNE : Je ___________ [10] montre la ville. Après on va chez grand-père. Il veut ___________ [11] parler. J'espère qu'il ne va pas raconter des histoires de *guerre.

MAMAN : Mais non. Il va ___________ [12] offrir un apéritif, c'est tout. D'ailleurs, ils ne veulent pas téléphoner et parler à ___________ [13] parents pour dire qu'ils sont bien arrivés ?

FABIENNE : Oh, ils ___________ [14] ont déjà téléphoné.

MAMAN : C'est bien. Oh, il est déjà deux heures. Tu ___________ [15] dis que le repas est prêt, s'il te plaît. Ils peuvent ranger ___________ [16] affaires après.

FABIENNE : D'accord.

**Wie schreibst du einen Brief?**

- Wie schreibst du **Ort und Datum?**
  *Beispiele:* Heidelberg, le 1er janvier 2004
  Duisburg, le 2 février 2004

  Beim ersten eines Monats verwendet man die Ordnungszahl *(le 1er janvier)*. Ab dem zweiten eines Monats schreibt man nur noch die Zahl *(le 2 février)*.
  Die restlichen Monate lauten: *mars, avril, mai, juin, juillet, août, septembre, octobre, novembre, décembre.*

- Wie formulierst du die **Anrede?**
  *Beispiele:* Ma chère Françoise, Chère Fançoise,
  Mon cher Luc, Cher Luc,
  Chers tous,

- Welche nützliche **Redewendungen** gibt es für einen Brief?
  *Beispiele:* Merci pour ta lettre.
  *Danke für deinen Brief.*

  Comment ça va ? Moi, je vais très bien. / Moi, ça va très bien.
  *Wie geht es dir? Mir geht es sehr gut.*

  Est-ce que tes parents vont bien ? Mes parents ne vont pas bien parce que …
  *Geht es deinen Eltern gut? Meinen Eltern geht es nicht gut, weil …*

  Voilà pour aujourd'hui. / C'est tout pour aujourd'hui.
  *So viel für heute. / Das ist alles für heute.*

  J'attends ta réponse.
  *Ich warte auf deine Antwort.*

  Donne le bonjour à tes parents.
  *Bestell deinen Eltern Grüße. / Grüße deine Eltern von mir.*

  Tu as le bonjour de mes parents.
  *(Viele) Grüße von meinen Eltern.*

- Wie **verabschiedest** du dich?
  *Beispiele:* A bientôt, Bises,
  Amicalement, Je t'embrasse,
  Avec toute mon amitié,

  Im Anschluss an die Verabschiedungsformel folgt dein Name.

**Aufgabe 11** Tamara schreibt am ersten Abend des Austauschs eine E-Mail an ihre Eltern. Da diese Französisch sprechen und sie etwas dazulernen möchte, schreibt sie auf Französisch und erzählt vom ersten Tag.
Schau dir Aufgabe 10 nochmals an. Was könnte Tamara schreiben? Du kannst auch etwas hinzuerfinden. Schreibe ca. 100–120 Wörter.

## 3.2 Die Pronomen *en* und *y* – *Les pronoms en et y*

### Wann verwendest du *en?*

Das Pronomen *en* vertritt Ergänzungen mit *de* (auch mit *de* in den zusammengesetzten Formen *du = de + le, des = de + les*).

- ***en*** kann in den meisten Fällen **wörtlich** mit **„davon"** oder **„von dort"** übersetzt werden.
  *Beispiele:* Tu prends du gâteau ? – Oui, j'en prends.
  Tu bois de la limonade ? – Oui, j'en bois.
  Tu achètes des fruits ? – Oui, j'en achète.
  Tu viens de Paris ? – Oui, j'en viens.
- Bei **Ergänzungen**, die **aus Zahlwort und Nomen** (z. B. *deux bouteilles*) bestehen, vertritt *en* nur das Nomen. Das Zahlwort wird wieder aufgegriffen oder durch eine andere Mengenangabe ersetzt.
  *Beispiele:* Tu achètes deux bouteilles de coca ? – Oui, j'en achète deux.
  Tu achètes un CD de Khaled ? – Non, j'en achète trois.
- Bei **Ergänzungen**, die **aus Mengenwort und Nomen** (z. B. *assez de, beaucoup de*) bestehen, vertritt *en de* und das Nomen. Das Mengenwort wird auch hier wieder aufgegriffen oder durch eine andere Mengenangabe ersetzt.
  *Beispiele:* Tu as acheté assez de salade ? – Oui, j'en ai acheté assez.

### Wann verwendest du *y?*

- Das Pronomen **y vertritt Nomen, die als Ortsbestimmung durch Präpositionen** (z. B. *à, chez, dans, en, sur, sous, devant, derrière, jusqu'à*) **eingeleitet werden.**
  *Beispiele:* Tu vas à Paris ? – Oui, j'y vais.
  Nicole est dans un café. Elle y attend Florian.
- Das Pronomen **y vertritt Ergänzungen mit *à***, wenn es sich um Dinge handelt. Handelt es sich um Personen, stehen die indirekten Objektpronomen.
  *Beispiele:* Quand tu vas au supermarché, pense aux oranges. – Oui, j'y pense.
  *aber:* Tu écris à ta tante ? – Oui, je lui écris.

### Wo stehen *en* und y im Satz?

Es gelten die gleichen **Stellungsregeln wie für die Objektpronomen**. *En* und *y* stehen:

- vor dem konjugierten Verb
  *Beispiele:* J'y vais maintenant. / J'en achète.
- innerhalb der Verneinungsklammer
  *Beispiele:* Je n'y vais pas. / Je n'en achète pas.
- vor dem Infinitiv, auf den sie sich beziehen
  *Beispiele:* Je vais y aller demain. / Je ne vais pas en acheter.

Enthält ein Satz *en* und *y*, so kommt *y* vor *en* (*y* + *en* + Verb).
*Beispiel:* Il y a des pommes ? – Oui, il y en a.

**Aufgabe 12** Marcel aus Dijon geht auf Klassenfahrt nach Heidelberg. Seine Mutter ist besorgt, ob er auch alles in seinen Koffer packt.
Ergänze die Sätze mit *en* + konjugierte Form von *prendre.*

MAMAN : Tu prends un anorak ?

MARCEL : Oui, j'en prends un.

MAMAN : Tu prends aussi une chemise.

MARCEL :Non, je n'_________________[1] pas, je prends seulement des T-shirts.

MAMAN : Tu prends des livres ?

MARCEL : Oui, j'_________________[2] un, c'est assez.

MAMAN : Tu veux de la limonade pour le voyage ?

MARCEL : Non, je _________________[3] pas. Je prends du coca.

MAMAN : D'accord. Et prends aussi des sandwichs.

MARCEL : Oui, j'_________________[4] deux. Et du chocolat.

MAMAN : Du chocolat ! _________________[5] pas ! C'est trop *sucré !

MARCEL : Mais non. Et j'_________________[6] seulement un tout petit peu.

**Aufgabe 13** Marcel aus Dijon soll einige Dinge erledigen, aber tatsächlich tut er manchmal etwas anderes.
Ergänze die Sätze mit *y* + konjugiertem Verb. Verneine den Satz, falls notwendig.

a) Marcel va à la pharmacie. – Non, il n'y va pas. Il va chez le fleuriste.
b) Marcel achète des médicaments chez le fleuriste. – Non, il _______________ de médicaments. Il achète des fleurs pour Jana.
c) Marcel pense au *sirop contre la toux. – Non, il _________________ pas. Il pense à Jana.
d) Marcel entre dans un magasin de CD. – Oui, il _________________.
e) Marcel achète un CD dans le magasin. – Oui, il _________________ un CD.
f) Marcel va à la maison de Fabian. – Non, il _________________. Il va à la maison de Jana.
g) Marcel est dans la maison de Jana. – Oui, il _________________. Enfin il peut voir sa belle Jana.

**Aufgabe 14** Mme Laroche schickt nach dem Essen Nadine in die Stadt zum Einkaufen. Weil ihre Mutter beim Essen sehr verärgert war, ist Nadine jetzt sehr folgsam und versichert, alle Aufträge auszuführen.
Ergänze die Sätze. Setze *je* + *en/y* + konjugiertes Verb ein.

MME LAROCHE : Tu vas d'abord à la banque.

NADINE : Oui, ___j'y___[1] vais.

MME LAROCHE : Après, tu achètes des oranges au marché.

NADINE : Oui, ___j'en___[2] achète.

MME LAROCHE : Et tu achètes aussi des pommes de terre.

NADINE : Oui, ______________[3].

MME LAROCHE : Puis tu attends grand-mère dans le café.

NADINE : Oui, ______________[4] attends grand-mère.

MME LAROCHE : Ensuite, tu *accompagnes grand-mère à la maison.

NADINE : Oui, ______________[5] grand-mère.

MME LAROCHE : Après, tu vas à la poste.

NADINE : Oui, ______________[6].

MME LAROCHE : Tu ______________[7] achètes dix timbres.

NADINE : Oui, ______________[8] dix.

MME LAROCHE : Tu achètes aussi deux *enveloppes.

NADINE : D'accord, ______________[9].

MME LAROCHE : Ensuite, tu vas au supermarché.

NADINE : Oui, ______________[10] vais.

MME LAROCHE : Tu achètes un kilo de café.

NADINE : Oui, ______________[11] un kilo, j'ai compris.

MME LAROCHE : Et n'oublie pas le vin. Tu ______________[12] achètes deux bouteilles, d'accord ?

NADINE : D'accord. Et le lait ? ______________[13] achète aussi ?

MME LAROCHE : C'est une bonne idée. Tu ______________[14] achètes deux litres. Tu peux acheter tout cela au supermarché.

NADINE : Oui maman. C'est vraiment beaucoup à acheter !

MME LAROCHE : Et finalement, tu achètes une grande glace.

Nadine : Oh, merci, ______________[15], bien sûr.

**Aufgabe 15** Die Famile Dupont ist beim Abendessen, der Hauptmahlzeit der Familie. Sie unterhalten sich.
*en* oder *y*? Setze die richtigen Formen ein. Beachte: *je + en = j'en; je + y = j'y; ne + en = n'en; ne + y = n'y.*

Mme Dupont : Tu veux encore un peu de soupe, chéri ?

M. Dupont : Oui, j'__________[1] prends encore un peu. Où est la baguette ?

Jeanne : À la cuisine. J'__________[2] vais pour la chercher. J'__________[3] veux aussi.

Mme Dupont : La baguette est dans le sac !

Jeanne : D'accord. J'__________[4] regarde.

Mme Dupont : À la cuisine il y a aussi les tomates. Tu __________[5] veux ?

Jeanne : Non, merci. Mais Bastien __________[6] mange normalement, donc j'__________[7] apporte deux. Où sont les tomates ?

Mme Dupont : Mais regarde. Elles sont aussi dans le sac.

Jeanne : Oui, oui. J' __________[8] regarde. Ah, les voilà.

*Jeanne revient de la cuisine.*

Bastien : Apporte aussi le fromage. J' __________[9] veux ce soir.

Jeanne : Il est dans la cuisine. Tu __________[10] vas maintenant !

Bastien : Toujours moi. Vous aimez aussi le fromage.

Mme Dupont : Bastien, tu veux __________[11] manger, alors tu vas le chercher !

Bastien : Ce n'est pas juste. C'est toujours moi.

Mme Dupont : Bastien, tu prends encore de la salade ?

Bastien : Ah oui, j'__________[12] mange encore. Elle est bonne.

Jeanne : Mais ne mange pas tout. J'__________[13] veux aussi !

M. Dupont : Arrêtez ! Il y __________[14] a pour tout le monde.

Jeanne : Normalement Bastien met sa fourchette dans le *saladier …

Bastien : Je n'__________[15] mets jamais ma fourchette !

Mme Dupont : Fini la discussion ou vous allez dans vos chambres !

Bastien : Je n'__________[16] vais pas, c'est Jeanne qui a des problèmes avec la salade.

M. Dupont : Fini. Vous allez tous les deux dans vos chambres et vous __________[17] revenez quand maman et moi nous avons fini notre salade.

## 3.3 Unverbundene Personalpronomen – *Le pronom personnel disjoint*

Personalpronomen sind als Subjekt- und als Objektpronomen eng mit dem Verb verbunden und heißen dann verbundene Personalpronomen. Es gibt aber auch Personalpronomen, die alleine stehen und deshalb unverbundene Personalpronomen heißen.

**Wann verwendest du die unverbundenen Pronomen?**

Du verwendest die unverbundenen Pronomen

- in verkürzten Sätzen ohne Verb.
  *Beispiel:* Qui veut une pomme ? – Moi, bien sûr.
- nach Präpositionen.
  *Beispiel:* Voilà Marc et Isabelle. Oui, je vais à la piscine avec eux.
- zusammen mit verbundenen Personalpronomen, um diese zu betonen – besonders wenn du einen Gegensatz ausdrücken willst.
  *Beispiel:* Luc reste à la maison. Moi, je vais à la piscine.
- nach *c'est/ce sont*
  *Beispiel:* Qui est là ? – C'est moi.

**Die Formen der unverbundenen Personalpronomen lauten:**

| | |
|---|---|
| Singular | *moi, toi, lui/elle* |
| Plural | *nous, vous, eux/elles* |

Aufgabe 16 Fabien schickt Céline in der Geschichtsstunde ein Briefchen: Céline antwortet. Ergänze die unverbundenen Personalpronomen.

a) *Céline, je ne peux pas vivre sans ________.*

b) *Tu ne peux pas vivre sans ________ ? Et Christine ? Tu peux vivre sans ________ ? Et Sandrine et Matilde ?*

c) *C'est fini avec ________.*

d) *Mais Laurent et Bastien, ________, ils t'ont vu avec une fille blonde.*

e) Je vais souvent au cinéma avec ma sœur. C'est ________ qui est blonde. Tu vas à *la piscine avec ________ cet après-midi ?

f) D'accord. Nadine et Simone, ________ y vont aussi. Tu peux venir avec ________.

g) Mais je veux y aller seulement avec ________.

h) Peut-être demain. Je pense à ________.

**Aufgabe 17** Vielleicht kennst du die Geschichten vom *Petit Nicolas*, einem Schuljungen, der viel anstellt und auch ganz gerne mal angibt. Hier unterhält er sich mit seinen Freunden.
Setze die passenden unverbundenen Pronomen ein.

NICOLAS : ____________[1], j'ai une tante qui habite en Amérique. Je *m'entends très bien avec ____________[2]. Elle envoie souvent de super grands cadeaux, seulement pour ____________[3].

CLOTAIRE : Phh, ____________[4], nous avons un oncle qui habite en Australie. ____________[5], il nous envoie 1000 Euro chaque semaine. Et quand il vient en France je vais dans un restaurant très chic avec ____________[6].

JOACHIM : ____________[7], tu as peut-être une tante en Amérique, mais ____________[8], j'ai un oncle qui est une superstar ! Et ma tante aussi ! Avec ____________[9], je vais au Disneyland à Paris chaque année.

ALCESTE : Et alors ? Mon papa, ____________[10], il est dans la police, et il *arrête tous les criminels de la France !

AGNAN : Oh, ____________[11], vous *mentez. Mais ____________[12], je suis bon en maths et en astronomie, et un jour je vais aller sur la planète Mars ! Et les gens sur cette planète sont gentils. ____________[13], ils ne se moquent pas de moi comme ____________[14].

Aufgabe 18* **Knobelaufgabe:** Alle Pronomen und Begleiter können vorkommen, aber auch die direkten Objektpronomen. Wenn du die Abschnitte 3.1 bis 3.3 durchgearbeitet hast, dann dürftest du die Lösungen leicht finden.
Dominique ist ganz aufgeregt. Ihre Mutter will mit ihr in die Stadt gehen. Sie stellt der etwas entnervten Mutter tausend Fragen.

a) Nous allons en ville? – Oui, on __________ va.
b) Tu portes le sac, maman ? – Oui, je __________ porte.
c) On rend visite aussi à l'oncle Martin ? – Oui, on __________ rend visite.
d) Qu'est-ce qu'on achète pour papa ? – On __________ achète un CD.
e) Et pour grand-mère et grand-père ? – On __________ achète quelques bonbons.

f) Mmh, je peux aussi avoir des bonbons? – Non, tu ne peux pas __________ avoir. Tu __________ manges déjà trop !
g) Mais tu m'achètes une pomme alors ?. – Oui, je t'__________ achète une.
h) Est-ce que nous allons aussi à la poste ? – Non, on n' __________ va pas. Pourquoi ?

i) Je veux envoyer une lettre à Monique. J'ai une lettre pour __________. – D'accord. On va alors à la poste.
j) Je peux aller au supermarché avec Violette. – D'accord. Je __________ écris une liste.
k) Je vais acheter un CD pour Marc. Je veux __________ offrir le CD pour son anniversaire. – C'est une bonne idée.
l) On a encore des baguettes ? – Il n'y __________ a plus. On va à la boulangerie pour __________ acheter deux.

m) Pense aussi au fromage ! – Oui, oui, j' __________ pense.
n) Et n'oublions pas les gâteaux. – Ah, on ne va sûrement pas __________ oublier.
o) Tu prends aussi une *tarte ? – Non, je n'__________ prends pas. Il y __________ a encore une au *frigo.
p) Oh, mais il n'__________ en a plus ! Papa __________ a mangé ! – Bon, alors on achète une tarte aux *fraises. Papa ne __________ aime pas !
q) Mais il va être triste. Achetons donc un petit gâteau pour __________ aussi. – D'accord.

## 3.4 Die Pronomen beim Imperativ

Natürlich kannst du Pronomen auch beim Imperativ verwenden (zu den Imperativformen des Verbs siehe S. 51 f.).

**Wie verwendest du direkte Objektpronomen beim Imperativ?**

- Beim **bejahten Imperativ** stehen die direkten **Objektpronomen hinter dem Verb** und werden mit einem Bindestrich angeschlossen.
  **Beachte:** Statt *me* und *te* werden die betonten Formen *moi* und *toi* verwendet, da sie angeschlossen werden und somit alleine stehen.

  *Beispiele:* regarde-moi
  regarde-toi
  cherche-le/la
  levons-nous
  levez-vous
  cherchez-les

- Beim **verneinten Imperativ** stehen die **Pronomen** wie im Aussagesatz, also **vor dem Verb**.
  **Beachte:** Hier werden die unbetonten Formen *me* und *te* verwendet, da sie nicht alleine stehen, sondern eingebunden sind.

  *Beispiele:* Ne me regarde pas.
  Ne te regarde pas.
  Ne le/la cherche pas.
  Ne nous levons pas.
  Ne vous levez pas.
  Ne les cherchez pas.

**Wie verwendest du indirekte Objektpronomen beim Imperativ?**

Für die indirekten Objektpronomen beim Imperativ gelten die gleichen Regeln wie für die direkten Objektpronomen, d. h. die **Pronomen im bejahten Imperativ** stehen **nach dem Verb, im verneinten Imperativ davor**. Auch hier stehen nach dem Verb die betonten Formen *moi* und *toi*, vor dem Verb die unbetonten Formen *me* und *te*.

*Beispiele:* Ouvre-moi la porte / Ne m'ouvre pas la porte.
Donne-lui le bonbon. / Ne lui donne pas le bonbon.
Ouvrez-nous la porte. / Ne nous ouvrez pas la porte.
Ouvrons-leur la porte. / Ne leur ouvrons pas la porte.

**Aufgabe 19** Cathy ist bei ihrer Tante zu Besuch, denn ihre Eltern unternehmen eine Studienreise. Sie fühlt sich nicht besonders wohl, weil die Tante ihr ständig Anweisungen gibt, was sie zu tun hat und was sie nicht tun soll.
Bringe die Satzteile in die richtige Reihenfolge. Denke daran, dass Ort und Zeit immer an den Satzanfang oder an das Satzende kommen.

a) -moi/la porte/ouvre/s'il te plaît

________________________________________

b) pas/ne/après/huit heures/lève/te

________________________________________

c) Ton oncle a faim. -lui/ce/sandwich/apporte

________________________________________

d) Ah, voilà ton amie Sandrine. du gâteau/-lui/offre/et quelque chose à boire.

________________________________________

e) La musique est terrible ! dans/pas/ne/la cuisine/écoutez/l'

________________________________________

f) Tu as parlé à tes parents ? -leur/ce soir/téléphone

________________________________________

g) Tu as écrit une lettre à tante Marianne ? -lui/après/écris/le repas

________________________________________

h) Il me faut une baguette. -la/chez le boulanger Divine/achète

________________________________________

i) pas/l'/achète/au supermarché/ne

________________________________________

j) Tu vas dormir dans *la tente avec Sandrine ? vous/ne/pas/trop tard/couchez

________________________________________

k) C'est une bande dessinée, ça ? à ton oncle/-la/donne/et lis un livre.

________________________________________

l) Ce sont des cigarettes ? -les/mets/à la *poubelle/tout de suite !

________________________________________

Aufgabe 20 Aisha hat sich das Bein gebrochen und liegt im Bett. Sie kann sich kaum rühren. Ihr Bruder Serge muss ihr helfen.
Um was bittet Aisha ihren Bruder? Ergänze.

a) J'aimerais lire. ____________________ (donner) le livre, s'il te plaît.

b) Non, pas *Astérix et Obélix*. ____________________ (ne pas donner) une bande dessinée mais un livre.

c) J'ai soif. ____________________ (apporter) une limonade, s'il te plaît.

d) Non, je n'aime pas le coca. ____________________ (apporter) de coca !

e) Je ne sais pas quoi faire. Je veux parler à Elodie et Karima. ____________________ (téléphoner), s'il te plaît.

f) Elodie et Karima vont bientôt arriver. ____________________ (offrir) des bonbons et du chocolat.

g) Oh, il y a des vêtements sur la chaise. ____________________ (mettre) dans la salle de bains, s'il te plaît.

h) Regarde, le chat est parti. ____________________ (chercher), s'il te plaît.

i) Ah, tu as trouvé le chat ! Il est parti par la fenêtre. ____________________ (fermer) s'il te plaît.

j) J'aimerais aller dans la salle de bains. ____________________ (aider), s'il te plaît.

k) Je ne peux pas ouvrir la bouteille de *shampooing. ____________________ (ouvrir) pour moi, s'il te plaît.

l) Non, je ne veux pas me laver les *dents. ____________________ (ne pas ouvrir) le *dentifrice, mais le shampooing !

m) Salut Elodie et Karima. ____________________ (se mettre) sur mon lit.

n) Oh, le prof vous a donné les *contrôles ? ____________________ (lire) ce que le prof a écrit sous mon contrôle.

o) Elodie et Karima, ____________________ (ne pas se mettre) sur ma jambe.

p) ____________________ (se lever), s'il vous plaît, ça me fait mal.

q) Serge, voilà des bonbons. ____________________ (offrir) aux filles, s'il te plaît.

r) ____________________ (ne pas rester) dans cette chambre tout le temps.

s) ____________________ (se promener), je vais lire un peu.

t) ____________________ (s'amuser), j'ai un livre et un journal pour lire un peu.

## 3.5 Der Demonstrativbegleiter: *ce, cet, cette, ces* – *Le déterminant démonstratif*

**Wann verwendest du die Demonstrativbegleiter?**
Die Demonstrativbegleiter *ce, cet, cette, ces* verwendest du, um auf bestimmte Dinge oder Personen hinzuweisen.
*Beispiele:* ce monsieur, cette dame

**Welche Formen hat der Demonstrativbegleiter?**
Der **Demonstrativbegleiter richtet sich in seiner Form nach dem Nomen**, bei dem er steht. Es gibt folgende Formen:

- ***ce*** begleitet maskuline Nomen im Singular, die mit einem Konsonanten beginnen.
  *Beispiel:* Ce garçon est gentil.
- ***cet*** begleitet maskuline Nomen im Singular, die mit einem Vokal oder einem stummen *h* beginnen.
  *Beispiele:* Cet animal est gentil.
  Cet homme s'appelle Jean.
- ***cette*** begleitet feminine Nomen im Singular.
  *Beispiel:* Cette fille est ma cousine.
- ***ces*** steht vor maskulinen und femininen Nomen im Plural.
  *Beispiel:* Ces voitures sont françaises.

Du kannst Demonstrativbegleiter noch verstärken, indem du ***-là*** an das Nomen anhängst.
*Beispiel:* Cette fille-là est ma cousine.
*Dieses Mädchen da ist meine Cousine.*

**Aufgabe 21** Ergänze die Nomen durch Demonstrativbegleiter.

a) _____ maison
b) _____ artichaut
c) _____ histoire
d) _____ hôtel
e) _____ voitures
f) _____ coca
g) _____ arbre
h) _____ limonade
i) _____ chambre
j) _____ promenades
k) _____ ballons
l) _____ pommes
m) _____ année
n) _____ club
o) _____ boulangerie
p) _____ chien
q) _____ usine
r) _____ enfant
s) _____ copine
t) _____ copain

**Aufgabe 22** Valérie und Christine sind beim Einkaufen. Ergänze ihr Gespräch durch die fehlenden Demonstrativbegleiter *ce, cet, cette, ces.*

VALÉRIE : Oh, regarde ____________[1] pantalon-là. Tu l'aimes ?

CHRISTINE : Non, pas vraiment. Je n'aime pas _________[2] couleur. ___________[3] bleu (m.) ne me plaît pas.

VALÉRIE : C'est l'anniversaire de mon père demain et je cherche un cadeau pour lui. Il coûte combien, ____________[4] pull-là ?

CHRISTINE : Il est trop cher. Regarde ___________[5] chemise verte, elle est moins chère.

VALÉRIE : Papa n'aime pas __________[6] chemises modernes. Mais __________[7] blouson-là, il est joli.

CHRISTINE : Valérie ! _____________[8] blousons, ils sont pour les jeunes et non pas pour un homme de 45 ans !

VALÉRIE : Tu trouves ? Oui, peut-être. Bon, je vais lui acheter un CD. Tu penses que papa aime _____________[9] CD ?

CHRISTINE : Un groupe de rock ? Je ne sais pas si ton père aime _____________[10] musique. Il ne préfère pas la musique classique ?

VALÉRIE : Si. Mais il va peut-être aller à ______________[11] concert de rock à Paris avec moi s'il aime le CD.

CHRISTINE : Tu es optimiste. Mais ______________[12] idée, elle est bonne. Il faut *éduquer les parents !

# 4 Adjektiv – *L'adjectif*

### Welche Aufgabe hat das Adjektiv?

Das Adjektiv bestimmt ein Nomen näher und gleicht sich in Genus (Maskulinum oder Femininum) und Numerus (Singular oder Plural) an dieses Nomen an, ganz gleich ob es vor oder nach dem Nomen steht oder ob es durch *être* vom Nomen getrennt ist.

| | | | |
|---|---|---|---|
| *Beispiele:* | une fille intéressante | *aber:* | un garçon intéressant |
| | La fille est intéressante. | *aber:* | Le garçon est intéressant. |

### Wie bildest du die verschiedenen Formen des Adjektivs?

Um die feminine Form des Adjektivs zu bilden, fügt man im Singular meist ein *-e* und im Plural meist *-es* an die maskuline Form des Adjektivs an:

| | | *Maskulinum* | *Femininum* |
|---|---|---|---|
| *Beispiele:* | *Singular* | intéressant [ɑ̃] | intéressante [ɑ̃t] |
| | *Plural* | intéressants [ɑ̃] | intéressantes [ɑ̃t] |
| | *Singular* | petit [i] | petite [it] |
| | *Plural* | petits [i] | petites [it] |

Normalerweise unterscheiden sich maskuline und feminine Adjektive in der Aussprache der Endung. Bei manchen Adjektiven gibt es nur in der Schreibung einen Unterschied, die Lautung ist gleich.

| | *Singular* | *Plural* |
|---|---|---|
| *Beispiele:* | un garçon gai [gɛ], | des garçons gais [gɛ], |
| | une fille gaie [gɛ], | des filles gaies [gɛ] |
| | un cahier bleu [blø], | des cahiers bleus [blø], |
| | une voiture bleue [blø], | des voitures bleues [blø] |

### Wo steht das Adjektiv im Satz?

Adjektive können vor oder nach den Nomen stehen, die sie beschreiben. Man kann sich die Stellung aber nicht frei aussuchen.

- **Vor dem Nomen stehen in der Regel häufig gebrauchte kürzere Adjektive** – beispielsweise die dir schon bekannten Adjektive *petit, grand, joli, jeune, cher, bon, mauvais, beau, nouveau.*
  *Beispiele:* un grand homme
  une belle femme
- **Nach dem Nomen stehen eher längere Adjektive** sowie **Farbadjektive** *(bleu, rouge)* und Adjektive, die **Nationalitäten** bezeichnen *(français, allemand).*
  *Beispiele:* une voiture allemande
  une maison rouge

**Aufgabe 23** Es ist große Pause. Léonie und Sandrine sind auf dem Schulhof. Sie sitzen auf einem Mäuerchen, um alles besser sehen zu können und beobachten die anderen Schüler. Natürlich wird alles begutachtet und kommentiert.
Setze die Adjektive in den Satz ein, gleiche sie an und überlege, ob sie vor oder nach dem Nomen stehen.

LÉONIE : Regarde, voilà Simon. C'est un ____________ garçon *intéressant* (intéressant).

SANDRINE : Tu trouves ? Mais il est trop petit ! Moi, je préfère les ____________ garçons ____________ (grand).

LÉONIE : Il a 18 ans. Il a une voiture, une ____________ voiture ____________ (beau, rouge).

SANDRINE : Et alors ? Luc a une ____________ moto ____________ (vert, joli).

LÉONIE : C'est vrai. Est-ce que tu as vu son ____________ chien ____________ (petit) ? Il l'a acheté en Allemagne, donc c'est un ____________ chien ____________ (allemand).

SANDRINE : C'est drôle. Lucile, elle a un ____________ perroquet ____________ (italien) qui parle beaucoup – mais il ne parle pas français !

LÉONIE : Tiens, voilà le ____________ prof ____________ (nouveau). Oh, c'est un ____________ prof ____________ (beau) !

SANDRINE : Et c'est aussi un ____________ prof ____________ (vieux). Il a au moins 40 ans !

LÉONIE : Tu penses ? Oui, peut-être. Et qu'est-ce qu'il fait avec ces ____________ cahiers ____________ (bleu) ? Il nous apporte un contrôle ?

SANDRINE : Mais non. C'est un cahier normal. Regarde, Julie le regarde avec ses ____________ yeux ____________ (grand, bleu). Elle a peur des contrôles.

LÉONIE : Tiens, voilà le ____________ assistant ____________ (jeune, allemand), Thomas. C'est un ____________ homme ____________ (intéressant) (jeune). Et il a une ____________ petite amie ____________ (joli) qui s'appelle Theresa. Elle est Allemande aussi.

**Aufgabe 24** Du bist auf einem Markt in Lyon. Dort gibt es viel zu sehen. Was siehst du?

a) une __________ voiture __________ (bleu)
b) une __________ femme __________ (joli)
c) une __________ maison __________ (intéressant)
d) un __________ groupe __________ (allemand)
e) une __________ fille __________ (petit)
f) des __________ citrons __________ (jaune)
g) des __________ pommes __________ (vert)
h) un __________ chien __________ (petit)
i) une __________ souris __________ (grand)
j) des __________ fruits __________ (intéressant)

## 4.1 Unregelmäßige Adjektive – *Les adjectifs irréguliers*

**Was ist bei den unregelmäßigen Adjektiven zu beachten?**
Die Formen der unregelmäßigen Adjektive solltest du lernen, da du sie nicht durch Anhängen von *-e*/*-es* von der maskulinen Form Singular ableiten kannst.

- Es gibt Adjektive, die **in Maskulinum und Femininum die gleiche Form** haben. Dies ist häufig bei Adjektiven so, die auf *-e* enden, wie etwa *jeune, modeste, rapide, rouge, sale.*

| | *Singular* | *Plural* |
|---|---|---|
| *Beispiele:* | un jeune [ʒœn] garçon, | des jeunes [ʒœn] garçons |
| | une jeune [ʒœn] fille, | des jeunes [ʒœn] filles |

- Andere Adjektive **unterscheiden sich zwischen Maskulinum und Femininum im Schriftbild**, wenn auch nicht in der Lautung:

| | *Singular* | *Plural* |
|---|---|---|
| *Beispiel:* | un pantalon cher [ʃɛʀ], | des pantalons chers [ʃɛʀ] |
| | une jupe chère [ʃɛʀ], | des jupes chères [ʃɛʀ] |

- Weiter gibt es **Adjektive, die sich in Lautung und Schreibung zwischen Maskulinum und Feminium unterscheiden.**

| | *Singular* | *Plural* |
|---|---|---|
| *Beispiele:* | un cahier violet [ɛ], | des cahiers violets [ɛ] |
| | une chemise violette [ɛt], | des chemises violettes [ɛt] |
| | un fauteuil blanc [ɑ̃], | des fauteuils blancs [ɑ̃] |
| | une maison blanche [ɑ̃ʃ], | des maisons blanches [ɑ̃ʃ] |
| | un perroquet gentil [i], | des perroquets gentils [i] |
| | une fille gentille [ij], | des filles gentilles [ij] |
| | un garçon heureux [ø], | des garçons heureux [ø] |
| | une souris heureuse [øz], | des souris heureuses [øz] |

Einige dieser **Adjektive enden im Maskulinum Singular auf *-s* oder *-x*.** Im Maskulinum Plural fügt man ihnen deshalb kein *-s* an, wohl aber im Femininum Plural.

| | *Singular* | *Plural* |
|---|---|---|
| *Beispiel:* | un chat gris [gʀi], | des chats gris [gʀi] |
| | une moto grise [gʀiz], | des motos grises [gʀiz] |

- Beachte folgende **Sonderformen**, die im Maskulinum Singular eine besondere Form haben, wenn das folgende Nomen mit Vokal oder stummem *h* beginnt:

| Maskulinum vor Nomen, das mit Konsonant beginnt | Maskulinum vor Nomen, das mit Vokal beginnt | Femininum |
|---|---|---|
| un beau chien | un bel animal | une belle chatte |
| un nouveau livre | un nouvel exercice | une nouvelle église |
| un vieux canapé | un vieil animal | une vieille chaise |

Im Plural haben diese Adjektive nur je eine maskuline und eine feminine Form: *beaux/belles, vieux/vieilles, nouveaux/nouvelles*

- Schließlich gibt es einige wenige unveränderliche Adjektive. Hierzu gehören *orange, marron, super, extra, sympa.*

  *Beispiele:* un pantalon orange — une chemise orange
  des pantalons orange — des chemises orange

**Aufgabe 25** Fabienne ist zu Besuch bei ihrer Tante in Dijon. Als sie ihren Koffer öffnet, ist die Tante erstaunt, wie viele Dinge Fabienne für die eine Woche Besuch mitgebracht hat. Vervollständige die Liste der mitgebrachten Sachen indem du die Adjektive angleichst. Ergänze unter q bis u fünf Dinge, die du unbedingt in deinen Koffer packen würdest, wenn du eine Woche unterwegs wärst. Verwende jeweils ein Nomen und ein Adjektiv.

a) un ______________ pantalon (vieux)
b) une chemise ______________ (violet)
c) une jupe ______________ (bleu)
d) des chaussures ______________ (orange)
e) des pullovers ______________ (cher)
f) un ______________ manteau (nouveau)
g) un ______________ anorak (beau)
h) des bonbons (m) ______________ (orange)
i) des livres ______________ (gris)
j) une ______________ pomme (beau)
k) une bouteille ______________ (blanc)
l) une fleur ______________ (violet)
m) un clown ______________ (gentil)
n) une ______________ carte postale (beau)
o) des carottes ______________ (vieux) et ______________ (gris)
p) une ______________ banane (vieux)
q) ____________________________________________
r) ____________________________________________
s) ____________________________________________
t) ____________________________________________
u) ____________________________________________

**Aufgabe 26** Kellner müssen immer sehr höflich sein. Deshalb können sie nicht immer sagen, was sie denken. François ist Kellner. Hier kannst du lesen, was er wirklich denkt. Ergänze, was er aber sagt, indem du die Adjektive richtig angeglichen einsetzt:

| | François, le garçon, dit : | François pense : |
|---|---|---|
| a) | « Ce chien, c'est un ______________ animal (beau). | *C'est un ______________ animal (vieux).* |
| b) | Mettez-vous sur la ______________ chaise (nouveau). | *C'est une ______________ chaise (vieux).* |
| c) | Le vin ______________ (blanc) est très bon. | *Le vin ______________ (rouge) est meilleur.* |
| d) | Cette chemise ______________ (violet) est très ______________ (beau). | *Cette chemise est ______________ (vieux) et ______________ (gris).* |
| e) | Oh madame, aujourd'hui vous êtes très ______________ (joli). Vous êtes ______________ (heureux), n'est-ce pas ? | *Elle n'est plus ______________ (jeune), cette dame.* |
| f) | Aujourd'hui, les baguettes ne sont pas ______________ (cher). | *Les pains au chocolat sont encore moins ______________ (cher).* |
| g) | Oh, une ______________ (beau) jupe ______________ (orange). | *C'est une jupe ______________ (cher).* |
| h) | Vos deux filles sont très ______________ (gentil). | *Ce ne sont pas des filles ______________ (modeste).* |
| i) | Voilà une ______________ (beau) table. | *Oh, la table est ______________ (sale).* |
| j) | Ce sac ______________ (violet) est très élégant. » | *Ce ______________ (vieux) sac est *démodé.* |

Aufgabe 27 Tim Mayer besucht in den Ferien seinen französischen Freund Marcel Signon, der in Marseille wohnt. Gemeinsam fahren sie quer durch die Provence. Tim ist völlig begeistert von der schönen Landschaft.
Setze die Adjektive in der richtigen Form ein.

MARCEL : Donc, tu aimes la ____________[1] (beau) Provence ?

TIM : Elle est ____________[2] (super) ! Le ciel est ______________[3] (bleu), les arbres sont ______________[4] (vert), les filles sont ______________[5] (joli) …

MARCEL : Regarde, le ______________[6] (vieux) château là, et la ________[7] (vieux) maison ______________[8] (orange), ils sont ____________[9](beau).

TIM : Tu vois les __________[10] (vieux) arbres à côté des maisons _________[11] (gris) ? Ils sont ____________ (extra)[12] !

MARCEL : Oh oui, au soleil ils sont presque ______________[13] (blanc). D'ailleurs, tu veux aller visiter la __________[14] (beau) Camargue[1] ? Là, il y a des chevaux ____________[15] (blanc). Les touristes les aiment !

TIM : Non merci, moi, je préfère les ________________[16] (vieux) églises et les ______________[17] (vieux) immeubles. Et aussi les ______________[18] (vieux) *fermes (f) !

MARCEL : Je comprends. Mais les filles, tu les préfères ______________[19] (jeune), n'est-ce pas ?

TIM : Oh oui. D'ailleurs, les gens ici sont très _______________[20] (gentil), tu ne trouves pas ?

MARCEL : Oui, ils sont peut-être ______________________[21] (heureux) de vivre dans cette _________________________[22] (beau) région ! Regarde le *champ __________[23] (violet). C'est la lavande ! Elle est __________[24] (violet). La Provence est connue pour ses ____________[25] (grand) champs de *lavande.

TIM : Tu sais, on ne peut pas aller à Avignon ? Je veux voir ce pont _____________[26] (intéressant) de la ____________[27] (beau) chanson !

MARCEL : Oui, on peut y aller. C'est une ville très _____________[28] (joli). Mais tu dois danser sur le ____________[29] (vieux) pont !

1 Camargue – Gegend in Südfrankreich rund um die Mündung der Rhône ins Mittelmeer.

## 4.2 Steigerung und Vergleich von Adjektiven – *La comparaison des adjectifs*

**Wann verwendest du den Komparativ?**
Möchtest du zwei Dinge miteinander vergleichen, so verwendest du die Steigerungsform, den Komparativ.

*Beispiel:* Marc est plus gentil que Stéphane.
*Marc ist netter als Stéphane.*

**Wann verwendest du den Superlativ?**
Den **Superlativ** verwendest du, um zu sagen, dass jemand „der größte ...", „der älteste ...", „der schönste ..." etc. ist.

*Beispiel:* Marc est le plus gentil garçon de la classe.
*Marc ist der netteste Junge der Klasse.*

**Wie bildest du den Komparativ?**
Im Französischen bildet man den **Komparativ**, indem man ***plus, moins, aussi* vor das Adjektiv** setzt und das Bezugswort des Vergleichs dann **mit *que* anschließt**.

*Beispiele:* Léon est plus grand que Susanne.
Susanne est moins grande que Léon.
Michel est aussi grand que Sandrine.

**Wie bildest du den Superlativ?**
Um den Superlativ zu bilden, setzt man den **bestimmten Artikel vor den Komparativ: *le/la/les + plus/moins* +Adjektiv**.

*Beispiele:* Léon est le plus grand garçon de sa classe.
Susanne est la plus petite fille de sa classe.

**Beachte:**

- Adjektive können vor oder nach dem Nomen stehen, das sie näher bestimmen. Beim Superlativ ist es meist genauso. **Bei nachgestelltem Adjektiv darfst du allerdings nicht den Artikel vergessen**, der bei jedem Superlativ dazugehört.

  *Beispiele:* Voilà la maison la plus intéressante de Lyon.
  C'est l'hôtel le moins cher de toute la ville.

- ***bon*** hat eine besondere Steigerungsform:
  bon(ne) – meilleur(e) – le meilleur/la meilleure
  *gut – besser – der/die Beste*

  Die negative Steigerungsform ist regelmäßig:
  bon(ne) – moins bon(ne) – le moins bon/la moins bonne
  *gut – schlechter – der/die Schlechteste*

**Aufgabe 28** Hier siehst du einige bekannte französische Gebäude. Vergleiche die Höhe der Gebäude.

1. La Tour Eiffel (317 m)

2. La Grande Arche de la Défense (110 m)

3. La Tour Montparnasse (210 m)

4. Le Parlement européen (60 m)

a) 1 – 2 : La Tour Eiffel est plus haute que la Grande Arche.

b) 2 – 3 : La Grande Arche __________ moins haute __________________.

c) 3 – 4 : La Tour Montparnasse ______________________________.

d) 2 – 4 : ______________________________________________.

e) 4 – 3 : ______________________________________________.

f) 3 – 1 : ______________________________________________.

Welche Gebäude wurden noch nicht miteinander verglichen? Bilde den fehlenden Vergleich. Kannst du zum Schluss auch noch sagen, welches Gebäude *(le bâtiment)* „das höchste" bzw. „das am wenigsten hohe" ist?

______________________________________________________________

______________________________________________________________

______________________________________________________________

______________________________________________________________

Aufgabe 29 Vergleiche die abgebildeten Personen und Dinge und verwende dabei das angegebene Adjektiv. Der Pfeil sagt dir, ob du *plus* (↑), *moins* (↓) oder *aussi* (→) verwenden sollst. Denke wieder an die Angleichung des Adjektivs bei weiblichen Nomen oder beim Plural.

a) M. Lemarc – M. Tartan (↑ gros)
M. Lemarc est plus gros que M. Tartan.

b) Bernard – Michel (↓ sportif)
Bernard est ______________________ Michel.

c) Sandrine – Silvie (→ intelligent)
______________________.

d) oranges – pommes (→ cher)
______________________.

e) maison – immeuble (↓ grand)
______________________.

f) souris – perroquet (↑ petit)
______________________.

g) Londres – Paris (→ intéressant)
______________________.

h) Stéphanie – Roland (↓ heureux)
______________________.

i) Mme Mont – Laurent (↑ vieux)
______________________.

j) nouvelle église – vieille église (↑ beau)
______________________.

**Aufgabe 30** Bei der folgenden Aufgabe sollst du Superlative bilden. Denke an den bestimmten Artikel.

a) – Il est beau, ce jardin.
– Oui, c'est vrai, c'est le jardin le plus beau ici.

b) – Il est petit, ce restaurant.
– Oui, c'est vrai, ______.

c) – Elle est élégante, cette dame.
– Oui, ______.

d) – Il est gentil, ce chien.
– ______.

e) – Ils sont bêtes, ces garçons !
– ______
– ______ de notre classe.

f) – Il est vieux, cet arbre.
– ______.

g) – Elles sont gentilles, ces *vendeuses.
– ______ de ce magasin.

h) – Il est intelligent, ce garçon.
– ______ de notre classe.

i) – Elles sont grosses, ces aubergines.
– ______
______ du marché.

j) – Il est drôle, ce comédien.
– ______
______ de France.

k) – Elle est haute, cette tour.
– ______
______.

Aufgabe 31* Abschlussübung zu Komparativ und Superlativ

Vergleiche die Noten der unten abgebildeten Schüler. Verwende dabei Komparativ und Superlativ von *bon/bonne*. Die Noten in Frankreich gehen von 1 bis 20, wobei 20 die beste Note ist.

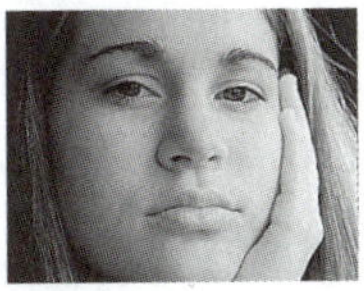

Sophie

biologie ......... 13
maths ........... 18
géographie ... 10
allemand ........ 8
histoire ........... 6

Muriel

biologie .........16
maths ............18
géographie ...12
allemand .........5
histoire ..........19

Marc

biologie ......... 14
maths ............. 9
géographie ... 17
allemand ...... 18
histoire ........... 6

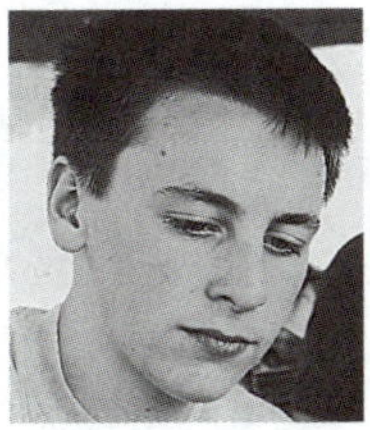

Sébastien

biologie .........16
maths ............10
géographie ...17
allemand .......15
histoire ..........15

a) (Sophie/Muriel/biologie)

Sophie est moins bonne en biologie que Muriel.

b) (Marc/allemand)

Marc est le meilleur en allemand.

c) (Marc/Muriel/géographie)

________________________________________.

d) (Sébastien/Marc/géographie)

________________________________________.

e) (Sophie/Marc/maths)

________________________________________.

f) (Marc/Sophie/histoire)

________________________________________.

g) (Muriel/histoire)

_______________________________________________.

h) (Sophie/Muriel/maths)

_______________________________________________.

i) (Muriel/allemand)

_______________________________________________.

j) (Sébastien/Muriel/histoire)

_______________________________________________.

k) (Sophie/Marc/biologie)

_______________________________________________.

l) (Muriel/Marc/biologie)

_______________________________________________.

m) (Sophie/géographie)

_______________________________________________.

Aufgabe 32 Wie in Deutschland auch werben in Frankreich viele Unternehmen für Ihre Produkte. Ob auf Straßenplakaten, im Fernsehen, in der Zeitung oder im Internet, kein Franzose kommt an der Werbung vorbei.
Schreibe eine Werbung für ein verrücktes Produkt, z. B. für einen Computer, der Schülern die Hausaufgaben macht, oder für einen Roboter, der alle Einkäufe erledigt. Wenn möglich, verwende Komparative oder Superlative.
Schreibe 80–100 Wörter.

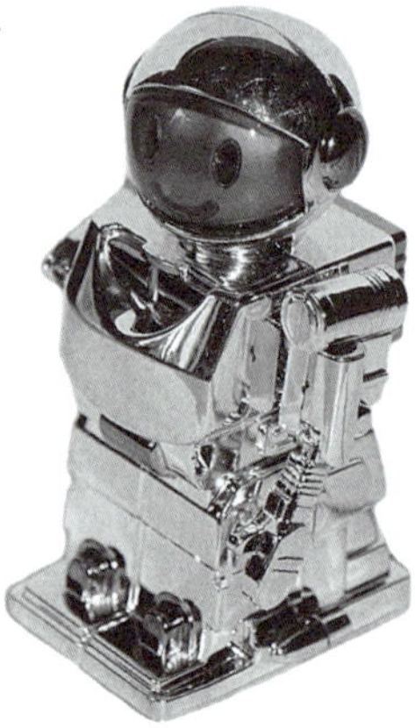

# … rund ums Verb

## 5 Verben – *Les verbes*

Französische Verben lassen sich nach ihrer Endung in verschiedene Gruppen einteilen. Diese Einteilung erleichtert es dir, die Verbformen zu lernen, da für eine ganze Gruppe von Verben dieselben Endungen gelten. In den Beispielen sind die Endungen hervorgehoben.

| | *Stamm* | *Endung* |
|---|---|---|
| *Beispiele:* | travaill | **-er** |
| | part | **-ir** |
| | pren | **-dre** |

- **Verben auf *-er: travailler, acheter, commencer, manger, payer, préférer***

| | *Singular* | | *Plural* | |
|---|---|---|---|---|
| *Beispiel:* | je | travaille | nous | travaillons |
| | tu | travailles | vous | travaillez |
| | il | travaille | ils | travaillent |

- **Verben auf *-ir: partir, dormir, finir, sortir***

| | | | | |
|---|---|---|---|---|
| *Beispiele:* | je | pars | nous | partons |
| | tu | pars | vous | partez |
| | il | part | ils | partent |
| | je | finis | nous | finissons |
| | tu | finis | vous | finissez |
| | il | finit | ils | finissent |

- **Verben auf *-dre: rendre, prendre, répondre***

| | | | | |
|---|---|---|---|---|
| *Beispiel:* | je | rends | nous | rendons |
| | tu | rends | vous | rendez |
| | il | rend | ils | rendent |

Du findest die wichtigsten Verben der drei Gruppen im Anhang (ab S. 149). Einige von ihnen weisen Besonderheiten in der Konjugation auf, die du beachten solltest.

Verben, die zu keiner dieser Gruppen gehören, sind **unregelmäßige Verben**. Einige von ihnen werden häufig gebraucht und sind daher wichtig, z. B.: *avoir, être, pouvoir, savoir, aller, voir.* Auch diese Verben findest du im Anhang.

**Aufgabe 33** Trage die passenden Verbformen ein. Die blau umrahmten Felder ergeben ein Lösungswort.

| | |
|---|---|
| travailler : | je |
| prendre : | vous |
| acheter : | il |
| rendre : | tu |
| boire : | nous |
| lire : | je |
| être : | nous |
| aller : | ils |
| faire : | ils |
| manger : | nous |
| dire : | vous |
| mettre : | ils |

### Wann verwendest du das *participe passé?*

Das *participe passé* steht nie alleine. Du verwendest es, um bestimmte Zeitformen zu bilden, wie das *passé composé* (Beispiel: *j'ai travaillé*) oder das *plus-que-parfait* (Beispiel: *j'avais travaillé*). Mehr zum *passé composé* findest du auf den Seiten 56 f. und 63, mehr zum *plus-que-parfait* findest du auf Seite 74.

### Wie bildest du das *participe passé?*

Das *participe passé* bildest du, indem du die Infinitivendung des Verbs durch die Partizipendung ersetzt.

- Die Verben auf **-er** bilden das ***participe passé* auf -é**.
  *Beispiel:* travailler → travaillé
- Die Verben auf ***-dre*** bilden das ***participe passé* meist auf *-u***.
  *Beispiel:* attendre → attendu
- Die Verben auf ***-ir*** bilden das ***participe passé* meist auf *-i***.
  *Beispiel:* finir → fini

**Beachte:** Es gibt auch einige unregelmäßige Formen, die du auswendig lernen musst. Im Anhang (ab S. 149) findest du eine Liste all der Verben, die du zu Ende des zweiten Französischjahres kennen solltest.

**Aufgabe 34** Trage das *participe passé* der folgenden Verben in die unten stehende Tabelle ein.

finir, ~~regarder~~, offrir, répondre, avoir, voir, perdre, dormir, manger, commencer, être, croire, acheter, descendre, sortir, partir, tomber, rendre, attendre, sentir

| Das *participe passé* wird gebildet auf: | | | |
|---|---|---|---|
| -é | -u | -i | unregelmäßige Form |
| regardé | | | |
| | | | |
| | | | |
| | | | |
| | | | |

**Aufgabe 35** M. Travaillard ist Lehrer an einem Lycée in Montpellier. Er ist gerne Lehrer, aber manchmal gibt es Tage, da geht alles schief. So berichtet er eines Abends seinem Freund:

« Ce soir je suis vraiment fatigué. Aujourd'hui, j'ai ______________[1] (avoir) un mauvais jour. Ce matin, le chat a ______________[2] (manger) mon petit déjeuner. J'ai ______________________[3] (préparer) un nouveau petit déjeuner, alors je suis ______________[4] (arriver) en retard à l'école. Quand je suis ___________[5] (entrer) au lycée il y avait beaucoup de bruit. Un élève de ma classe a ______________[6] (crier) : « Il arrive ! » et quand j'ai ______________[7] (ouvrir) la porte de ma classe un ballon est ______________[8] (partir) par la fenêtre ouverte. Nous n'avons plus ______________________[9] (travailler), parce que les élèves ne pouvaient plus se concentrer ! Et plus tard un autre professeur nous a ______________[10] (dire) de ne pas faire trop de bruit ! L'après-midi j'ai ___________________[11] (oublier) mon porte-monnaie à la boulangerie, ensuite j'ai ____________________[12] (avoir) mal au ventre. Et maintenant j'aimerais une tasse de café, s'il te plaît. »

## 5.1 Die Verben auf *-ir* – *Les verbes en -ir*

Eine wichtige Gruppe regelmäßiger Verben sind die Verben auf *-ir*. Diese Verben teilt man in zwei Untergruppen ein:

- Verben **ohne Stammerweiterung** im Plural, wie z. B. *dormir* → *nous dormons*.
- Verben **mit Stammerweiterung** im Plural, wie z. B. *finir* → *nous finissons*.

**Verben auf *-ir* ohne Stammerweiterung:**
**Wie werden *dormir*, *sortir*, *mentir* und *partir* konjugiert?**

| | *Singular* | | *Plural* | |
|---|---|---|---|---|
| **dormir** | je | dors | nous | dormons |
| | tu | dors | vous | dormez |
| | il | dort | ils | dorment |
| **sortir** | je | sors | nous | sortons |
| | tu | sors | vous | sortez |
| | il | sort | ils | sortent |

**Beachte:** Im Singular entfällt der Endkonsonant des Infinitivstammes (z. B. das *m* bei *dormir*), im Plural bleibt er bestehen.

**Wie bildest du das *participe passé* dieser Verben?**
Die meisten Verben dieser Gruppe bilden das ***participe passé* auf *-i*.**
*Beispiele:* dormir → dormi sortir → sorti

**Beachte:** Einige wichtige Verben auf *-ir* weisen Besonderheiten in der Konjugation auf, die du dir merken solltest. In den folgenden Beispielen sind die Besonderheiten unterstrichen.

- ***courir*** hat ein unregelmäßiges *participe passé*: *couru*.
- ***ouvrir*** und ***offrir*** werden wie die Verben auf *-er* konjugiert, haben aber ein unregelmäßiges *participe passé*.

| | *Singular* | | *Plural* | | *participe passé* |
|---|---|---|---|---|---|
| **ouvrir** | j' | ouvre | nous | ouvrons | ouvert |
| | tu | ouvres | vous | ouvrez | |
| | il | ouvre | ils | ouvrent | |
| | *ebenso:* offrir | | | | |

- ***venir*** und ***tenir*** werden bis auf die 1. und 2. Person Plural unregelmäßig konjugiert.

| | | | | | |
|---|---|---|---|---|---|
| **venir** | je | viens | nous | venons | venu |
| | tu | viens | vous | venez | |
| | il | vient | ils | viennent | |
| | *ebenso:* tenir | | | | |

**Verben auf *-ir* mit Stammerweiterung:**
**Wie werden *finir, réussir, réagir, choisir* und *réfléchir* konjugiert?**

| | Singular | | Plural | |
|---|---|---|---|---|
| **finir** | je | finis | nous | finissons |
| | tu | finis | vous | finissez |
| | il | finit | ils | finissent |

Beachte bei den Pluralformen die Stammerweiterung mit *-iss-*.

**Wie bildest du das *participe passé* dieser Verben?**
Auch diese Verben bilden das **participe passé auf -i.**
*Beispiele:* finir → fini réussir → réussi

**Aufgabe 36** Die Tour de France, das bekannteste Fahrradrennen der Welt, findet schon seit 1903 statt. Die Sieger sind Sportstars; berühmte Sieger waren Jacques Anquetil in den 60er-Jahren, Eddy Merckx in den 70er-Jahren und Miguel Indurain in den 90er-Jahren. Lance Armstrong gewann die Tour erstmals 1998. Er hat als bisher einziger Fahrer die Tour mehr als fünfmal gewonnen. Einziger deutscher Sieger war bisher Jan Ullrich, der 1997 die Tour de France gewann.
Im folgenden Text erzählt ein Fahrer, wie er einen Tag während der Tour de France verbringt. Ergänze die Verben.

« Eh bien, nous ________________[1] (dormir) jusqu'à sept heures du matin. Moi, je ________________[2] (sortir) de mon lit à six heures trente et mon *entraîneur ________________[3] (venir) et il m'________________[4] (offrir) du café.
Après le petit déjeuner nous ________________[5] (sortir) de notre *caravane. Pour commencer, nous ________________[6] (courir) deux kilomètres, puis l'entraîneur nous ________________[7] (offrir) quelque chose à boire. Puis il dit : « ________________[8] (venir) dans ma caravane et je vous donne les tricots. » C'est l'entraîneur chez nous qui a tous les tricots.
Maintenant nous sommes tous très nerveux. Mais l'entraîneur ________________[9] (réfléchir), il ________________[10] (choisir) bien ses mots et il ________________[11] (réussir) toujours à nous *calmer. Quand une nouvelle étape commence nous ________________[12] (réagir) le plus vite possible au *départ. Les gens ________________[13] (venir) de toute la France pour nous voir, donc je ________________[14] (sortir) très vite. Après tu ne ________________[15] (réfléchir) pas beaucoup, tu ________________[16] (réagir) seulement. L'entraîneur

__________[17] (choisir) la tactique et les sportifs ______________[18] (réagir). Quand nous ________________[19] (finir), ce sont le sportif et l'entraîneur qui ont travaillé et gagné. Les sportifs __________________[20] (venir) de France, d'Allemagne, d'Amérique – de partout – et j'aime cela. »

**Aufgabe 37** Sandrine und Philippe aus Paris verbringen ihre Ferien bei ihren Großeltern in der Normandie. Sandrine schreibt ihrer Mutter einen Brief.
Setze die Verben in der richtigen Form ein.

Ma chère maman, Rouen, le 18 août, 2004

nous voilà à Rouen chez grand-mère et grand-père. C'est super !

Je ____________________[1] (dormir) jusqu'à dix heures le matin. Philippe __________[2] (sortir) de son lit à dix heures et demie – il ____________[3] (finir) toujours sa bande dessinée avant le petit déjeuner. Grand-père ______________[4] (partir) à huit heures, il ______________[5] (offrir) une visite de Rouen aux touristes. Ces touristes ______________[6] (venir) de partout, ils ______________[7] (sortir) de leur bus, ________________[8] (courir) *à travers Rouen pendant 30 minutes, ils __________________[9] (écouter) grand-père et puis ils ______________[10] (continuer) leur voyage. Et ils ______________________[11] (appeler) cela « visiter Rouen » ! Pour moi, ils __________________[12] (mentir).

Philippe et moi, on _________________[13] (courir) dans le jardin où nous _________________[14] (rester) presque toute la journée. Grand-mère nous ____________[15] (offrir) tout le temps du bon gâteau. Tu ____________[16] (savoir), elle est super – le soir, elle ______________[17] (venir) même dans ma chambre pour me raconter une histoire.

Et vous ? Quand est-ce que vous _____________[18] (venir) en Normandie ?

Gros bisous,
*Sandrine*

**Aufgabe 38** Einige Wochen später klebt Sandrine Urlaubsbilder von ihrem Normandieurlaub ins Fotoalbum. Sie schreibt unter jedes Foto, was man darauf sehen kann. Vervollständige die Sätze und verwende dabei die passende Person der kursiv gedruckten Verben.

a)

Grands-parents/*vivre*/Normandie. Normandie/*plaire* aussi à/Philippe et moi

______________________________

______________________________

b)

Grand-père/*connaître* bien/Rouen. *Recevoir*/touristes/Place du Vieux Marché.

______________________________

______________________________

c)

Grand-mère/*rire* beaucoup. Elle/*envoyer* souvent/lettres/maman.

______________________________

______________________________

d)

Papa/*construire*/petite maison/jardin/pour/grands-parents.

______________________________

______________________________

e) 

Là/grand-mère/*conduire*/ une Renault. Elle/*vouloir*/ aller au supermarché/Rouen.

f) 

Voilà Philippe/papa. *Payer*/ pommes. *Vouloir*/faire/calvados[1].

g) 

Là,/nous/*vouloir* visiter le Mont-Saint-Michel[2]. Grand-mère/ *conduire* sa Renault.

h) 

midi/nous/faire/pique-nique(m)/forêt. Les grands-parents/*connaître* bien/forêt.

1 le calvados: normannischer Apfelbranntwein, Spezialität der Gegend

2 le Mont-Saint-Michel: Benediktinerabtei auf einer Insel vor der normannischen Küste; Touristenattraktion

## 5.2 Reflexive Verben – *Le verbe pronominal*

### Was sind reflexive Verben?

Reflexive Verben sind Verben, die das Reflexivpronomen *me, te, se, nous* oder *vous* bei sich haben. Das Reflexivpronomen bezieht sich auf das Subjekt zurück.

| | *Singular* | | *Plural* | |
|---|---|---|---|---|
| se laver | je | me lave | nous | nous lavons |
| | tu | te laves | vous | vous lavez |
| | il | se lave | ils | se lavent |
| s'appeler | je | m'appelle | nous | nous appelons |
| | tu | t'appelles | vous | vous appelez |
| | il | s'appelle | ils | s'appellent |

Vor Vokal oder stummem *h* werden *me, te, se* auf *m', t', s'* verkürzt. Zur Bildung des *passé composé* der reflexiven Verben siehe S. 63.

**Beachte:** Nicht immer sind Verben, die im Deutschen reflexiv sind, auch im Französischen reflexiv. Umgekehrt gilt das genauso.

*Beispiele:* s'appeler → *heißen*
changer → *sich verändern*

### Wie verwendest du reflexive Verben im Satz?

- Das Reflexivpronomen steht direkt vor dem Verb.
  *Beispiel:* Je m'habille.
- Ist das Verb verneint, so umschließt die Verneinung das Reflexivpronomen und das konjugierte Verb.
  *Beispiel:* Je ne m'habille pas.
- Wird das Verb mit einem Infinitiv gebildet, so steht das Reflexivpronomen vor dem Infinitiv. Dies gilt auch im verneinten Satz.
  *Beispiele:* Je vais m'habiller.
  Je ne vais pas m'habiller.

**Aufgabe 39** Herr und Frau Steiger besuchen Paris. Sie kennen die Stadt nicht und verlaufen sich prompt.
Fülle die Lücken aus und verwende die angegebenen Verben. Sie sind nicht in der richtigen Reihenfolge.

| |
|---|
| s'arrêter, se trouver (3 x), se reposer, se demander, s'adresser, s'intéresser (3 x) |

M. et Mme Steiger ____________________[1] à Paris. Ils ne connaissent pas la ville et donc ils ____________________[2] dans un parc pour regarder le plan de la ville. Ils sont fatigués, alors ils ____________________[3] un peu. Un monsieur arrive. Ils ____________________[4] à ce monsieur.

MME STEIGER : Excusez-moi, monsieur. Nous ____________________[5] où ____________________[6] le Louvre. Je ____________________[7] à la Joconde[1] et M. Steiger ____________________[8] aux statues.

LE MONSIEUR : Je ne ____________________[9] pas à l'*art, mais je peux vous aider. Vous ____________________[10] directement devant le Louvre. C'est le grand *bâtiment là-bas !

1 La Joconde: Mona Lisa

**Aufgabe 40** Patricia Kaas ist eine bekannte französische Sängerin. Hier ist ihr Tagesablauf. Bilde Sätze aus den vorgegebenen Wörtern. Denke daran, die Verben zu konjugieren.

a) se lever — 8:00
*A huit heures Patricia Kaas se lève.*

b) se laver les *cheveux — 8:15
____________________

c) s'habiller — 8:30
____________________

d) Patricia et son amie, se mettre à table, hôtel — 9:00
____________________

e) s'inquiéter, trop tard au studio

______________________________ 10:00

f) s'excuser, puis *enregistrer la nouvelle chanson

______________________________ 10:15

g) se mettre à table pour le repas

______________________________ 1:00

h) se trouver dans un *restaurant rapide : donner des autographes

______________________________ 3:00

i) se sentir fatiguée, se reposer

______________________________ 7:00

j) s'adresser à ses fans, concert

______________________________ 8:00

k) après le concert, se sentir très bien

______________________________

l) prendre une douche, se coucher

______________________________

## 5.3 Der Imperativ – *L'impératif*

### Wann verwendest du den Imperativ?

Den Imperativ verwendest du, um eine Aufforderung oder eine Anweisung zum Ausdruck zu bringen.

*Beispiele:* Fermez la fenêtre, s'il vous plaît.
Donne-moi ce livre.

### Wie bildest du die Imperativformen?

Die drei Imperativformen leitet man normalerweise von der 1. Person Singular, der 1. Person Plural bzw. der 2. Person Plural Präsens des Verbs ab.

| | *Präsensform* | *Imperativ* | *Deutsch* |
|---|---|---|---|
| *Beispiele:* | je travaille | travaille | arbeite |
| | nous travaillons | travaillons | lasst uns arbeiten |
| | vous travaillez | travaillez | arbeitet |

**Beachte:** Es gibt im Französischen einige wenige **unregelmäßige Imperative**, die aber sehr wichtig sind, da sie bei häufig gebrauchten Verben auftreten.

| | *Infinitiv* | *Imperativ* | *Deutsch* |
|---|---|---|---|
| *Beispiele:* | avoir | aie | habe |
| | | ayons | lasst uns haben |
| | | ayez | habt |
| | être | sois | sei |
| | | soyons | lasst uns sein |
| | | soyez | seid |
| | savoir | sache | wisse |
| | | sachons | lasst uns wissen |
| | | sachez | wisset |
| | vouloir | veuille | wolle |
| | | veuillez | wollet |

Aufgabe 41 Philippe und seine Schwester Amélie aus Paris nehmen an einem Ferienlager in den Vogesen[1] *(les Vosges)* teil. Beim ersten Abendessen sitzen alle zusammen und René, der Leiter des Jugendlagers, gibt einige Anweisungen.
Ergänze die fehlenden Imperativformen.

« Alors, bonsoir. Bienvenue dans les Vosges. Il y a quelques choses à discuter et à savoir. Donc, ____________ [1] (savoir) qu'il y a des choses dangereuses ici, alors ____________ [2] (être) *prudents. Ne ____________ [3] (quitter) jamais le groupe. Ne ____________ [4] (faire) pas de promenades sans le groupe. ____________ [5] (avoir) toujours un guide avec vous dans la montagne. ____________ [6] (travailler) ensemble. ____________ [7] (vouloir) toujours suivre les *instructions des guides. ____________ [8] (informer) les guides quand il y a un accident ou ____________ [9] (courir) au téléphone et ____________ [10] (appeler) les secours. Ne ____________ [11] (rire) pas, ce n'est pas amusant. Ne ____________ [12] (boire) pas d'alcool, c'est *interdit. Quand vous quittez le groupe, ____________ [13]-le (dire) au guide. Et maintenant j'ai faim. ____________ [14] (passer)-moi le pain, Philippe, s'il te plaît. Et Hélène et Amélie, ____________ [15] (vouloir) me passer le sel pour les tomates, s'il vous plaît. »

1 Gebirge, das sich auf französischer Seite entlang des Elsass bzw. der deutsch-französischen Grenze zieht. Gegenstück zum Schwarzwald auf deutscher Seite.

## 5.4 *il faut*

**Wann verwendest du *il faut*?**
Mit ***il faut*** drückst du aus, dass man etwas benötigt oder dass etwas getan werden muss.

Du kannst ***il faut*** mit drei verschiedenen Ergänzungen verwenden:

- ***il faut* + Nomen**
  Schließt an *il faut* gleich ein Nomen an, so bedeutet es „**man braucht, man benötigt**".
  *Beispiel:* Pour faire un gâteau il faut du lait et un œuf.
  *Um einen Kuchen zu backen, braucht man Milch und ein Ei.*
- ***il me (te, lui, nous, vous, leur) faut* + Nomen**
  Will man sagen, wer etwas benötigt, so kann man ein indirektes Objektpronomen einfügen. Der Ausdruck bedeutet dann „**ich brauche/benötige, du brauchst**" etc.
  *Beispiel:* Pour faire un gâteau il me faut du lait et un oeuf.
  *Um einen Kuchen zu backen, brauche ich Milch und ein Ei.*
- ***il faut* + Infinitiv**
  Folgt auf *il faut* ein Infinitiv, so hat der Ausdruck die Bedeutung „**müssen**". Der Satzzusammenhang zeigt dir dann, ob die Aufforderung allgemein/unpersönlich gemeint ist („man muss etwas tun") oder ob sich die Aufforderung an eine bestimmte Person richtig „du musst etwas tun, wir müssen etwas tun" etc.
  *Beispiele:* Pour faire un gâteau il faut acheter du lait et un oeuf.
  *Um einen Kuchen zu backen, muss man Milch und ein Ei kaufen.*
  Allons au supermarché. Pour le gâteau il faut acheter du lait et un œuf.
  *Lass uns in den Supermarkt gehen. Für den Kuchen müssen wir Milch und ein Ei kaufen.*

**Beachte:** Ist ***il faut* + Infinitiv verneint**, so hat es die Bedeutung: „**nicht dürfen**" oder „**nicht brauchen**".

*Beispiel:* Il ne faut pas manger tout le gâteau.
*Wir dürfen nicht den ganzen Kuchen essen.*
Je suis déjà allé au supermarché. Il ne faut plus acheter du lait et des œufs.
*Ich war schon im Supermarkt. Wir brauchen keine Milch und keine Eier mehr zu kaufen.*

**Aufgabe 42** Was braucht man wo und wann? Ordne die folgenden Satzenden den drei Gruppen zu. Manche Satzenden passen auch in mehrere Gruppen …

1. Pour construire une maison il faut …

   ______________________________

2. Pour avoir de bonnes notes à l'école il faut …

   ______________________________

3. Pour passer de bonnes vacances à la mer il faut …

   ______________________________

| | |
|---|---|
| (a) travailler beaucoup. | (b) du soleil. |
| (c) un bon architecte. | (d) du béton. |
| (e) un bateau. | (f) beaucoup de livres. |
| (g) des fenêtres. | (h) un ballon de foot. |
| (i) rester à la maison. | (j) de l'argent. |
| (k) un hôtel. | (l) lire et ne pas regarder la télé. |
| (m) faire ses devoirs. | (n) une belle porte. |
| (o) aller au restaurant. | (p) faire ce que dit le prof. |

**Aufgabe 43** Du möchtest mit Freunden an die französische Atlantikküste im Südwesten Frankreichs fahren, um auf der Île de Ré einen Strandurlaub zu machen.
Was braucht man alles und woran muss man denken, wenn man seinen Urlaub am Meer verbringen will?
Ergänze die Sätze, indem du den zweiten Teil ins Französische übersetzt.

Pour passer de bonnes vacances au bord de la mer …

a) … il faut une grande voiture.
   braucht man ein großes Auto.

b) ______________________________
   … braucht man ein kleines Haus.

c) ______________________________
   … brauche ich viele interessante Bücher

d) ______________________________
   … brauchst du Sonne und einen Strand.

e) ______________________________
   … brauchen wir ein gutes Restaurant.

f) ______________________________

... muss man im Supermarkt (Dinge) einkaufen gehen.

g) ______________________________

... muss man Freunde finden.

h) ______________________________

... braucht man nicht viele Kleider.

i) ______________________________

... darfst du keine Angst vor dem Wasser haben.

j) ______________________________

... brauchst du eine Luftmatratze *(le matelas pneumatique).*

k) ______________________________

... müssen wir viel Eis essen.

l) ______________________________

... dürfen wir nicht am Strand für die Schule arbeiten.

m) ______________________________

... brauchen wir ein wenig Geld.

n) ______________________________

... muss man auf dem Markt Käse einkaufen.

o) ______________________________

... brauchst du ein kleines Boot.

p) ______________________________

... brauche ich eine Zeitung und Bonbons.

# 6 Die Zeitformen des Verbs – *Les temps*

Es gibt einfache und zusammgesetzte Zeitformen. Zu den einfachen Zeitformen zählt z. B. das *présent*, zu den zusammengesetzten Zeitformen zählt z. B. das *futur composé*, das sich aus *aller* + Infinitiv zusammensetzt.

| | | | |
|---|---|---|---|
| *Beispiel:* | arriver | j'arrive | je vais arriver |
| | *infinitif* | *présent* | *futur composé* |

## 6.1 Das *passé compose:* Bildung und Angleichung – *La formation et l'accord du passé composé*

**Wann verwendest du das *passé composé?***
Das *passé composé* verwendest du, um **einmalige Handlungen und Geschehnisse in der Vergangenheit** auszudrücken. Die genauen Verwendungsregeln findest du auf Seite 70 f.

**Wie bildest du das *passé composé?***
Das *passé composé* ist eine zusammengesetzte Zeitform. Es wird gebildet aus der **Präsensform von *avoir* oder *être*** sowie dem **Partizip Perfekt *(le participe passé)*** des Verbs.

*Beispiele:* J'ai travaillé à Paris.
Jean est retourné à la maison.

**Welche Verben bilden das *passé composé* mit *avoir*, welche mit *être?***
Grundsätzlich solltest du bei den Verben immer gleich mitlernen, ob sie das *passé composé* mit *avoir* oder mit *être* bilden.
**Verben, die eine Bewegungsrichtung ausdrücken** (auch das Verb *rester*), bilden das *passé composé* **mit *être***. Du kannst sie dir anhand einer kleinen Zeichnung gut merken:

**Wann wird das *participe passé* angeglichen?**

- Bei **Verben, die das *passé composé* mit *être* bilden**, richtet sich das *participe passé* in Genus und Numerus nach dem Subjekt. Die Endungen werden manchmal nicht gesprochen, sondern nur geschrieben.
  *Beispiele*: Jean est allé à Strasbourg.
  Nicole est allée à Strasbourg.
  Jean et Michel sont allés à Strasbourg.
  Nicole et Violette sont allées à Strasbourg.
- Ist das Subjekt gemischt (männlich und weiblich), so richtet sich das *participe passé* nach dem Maskulinum.
  *Beispiel*: Jean et Nicole sont allés à Strasbourg.
- **Beachte:** Bei den mit *avoir* konjugierten Verben ist das *participe passé* unveränderlich.
  *Beispiel*: Jean a acheté un CD.
  Nicole a acheté un CD.

**Wie bildest du Verneinung beim *passé composé*?**

Wie beim *futur composé* umschließt die Verneinung die konjugierte Form des Verbs, also die Form von *avoir* oder *être*.

*Beispiel*: Jean n'est pas allé à Strasbourg.
Nicole n'a rien acheté.
Elle n'est pas entrée dans le magasin.

**Aufgabe 44** Setze in den folgenden Text über den Eiffelturm die richtigen *passé-composé*-Formen ein.

On a construit[1] (construire) la Tour Eiffel de 1887 à 1889. On ____________[2] (commencer) la *construction en janvier 1887, et le 31 mars 1889 Gustave Eiffel ____________[3] (venir) pour monter sur la tour. Pourquoi est-ce que les Français ____________[4] (construire) cette tour? En 1889 la France ____________[5] (*célébrer) le 100$^{ième}$ anniversaire de la Révolution Française *(Französische Revolution)* et en plus l'Exposition Universelle *(Weltausstellung)* ____________[6] (ouvrir) ses portes. Beaucoup de gens ____________[7] (venir) pour visiter cette Exposition, et donc on ____________[8] (vouloir) une tour spéciale. On ____________[9] (choisir)

Eiffel comme *constructeur, Charles Sauvestre comme architecte.
Au début Eiffel ______________[10] (appeler) la tour « la tour de 300 mètres », mais quelques Parisiens qui n'aimaient pas le bâtiment ______________[11] (appeler) cette tour « Tour Eiffel ». Quelque temps après, ce nom ______________[12] (devenir) normal. Les visiteurs de l'Exposition ______________[13] (venir) de beaucoup de pays et alors la Tour Eiffel ______________[14] (devenir) très connue.
Aujourd'hui la Tour Eiffel est le symbole de Paris et les touristes disent :
« J'______________[15] (voir) la Tour Eiffel, donc je connais Paris. »

**Aufgabe 45** Fülle das Kreuzworträtsel mit den fehlenden Partizipien aus. Achte auf die Angleichung ans Subjekt bei Verben, die das *passé composé* mit *être* bilden.

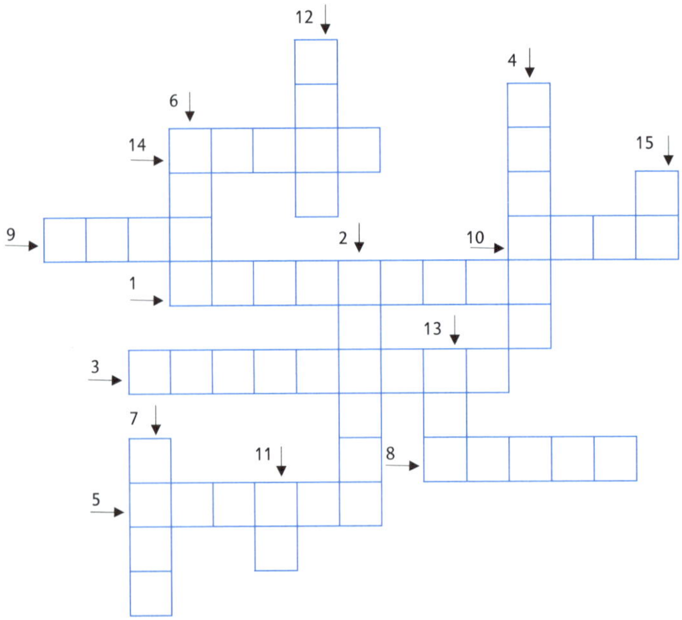


1. j'ai … (travailler)
2. il est … (arriver)
3. nous sommes … (retourner)
4. Michelle est …(monter)
5. tu as … (acheter)
6. vous avez … (faire)
7. elles ont … (payer)
8. on a … (écrire)
9. elle a … (finir)
10. ils ont … (tenir)
11. j'ai … (avoir)
12. il est … (aller)
13. nous avons … (être)
14. il a … (falloir)
15. vous avez … (lire)

Aufgabe 46 Serge aus der Normandie hat an einem französisch-amerikanischen Austausch teilgenommen und durfte ein Jahr lang in den USA leben. Zurück in Frankreich erzählt er davon, dass er sich einen lang gehegten Traum erfüllt hat: Er hat sich die Freiheitsstatue *(la Statue de la Liberté)* angesehen, die die Franzosen einst den Amerikanern schenkten …

*être* oder *avoir?* Ergänze die unvollständigen *passé-composé*-Formen. Denke daran, dass *je* vor Vokal zu *j'* wird.

En mars dernier j'__________[1] visité New York. Enfin ! Je ________[2] monté sur le Empire State Building, je __________[3] allé voir Broadway, j'__________[4] fait une promenade dans le Central Park – et j'__________[5] vu la Statue de la Liberté. J'__________[6] rencontré mon ami Steven au port et puis nous ________[7] pris le bateau. Sur le bateau un monsieur ________[8] venu et il __________[9] raconté tout sur Ellis Island, Liberty Island et la Statue.

Un architecte français, Frédéric-Auguste Bartholdi, __________[10] construit la Statue. Les Français __________[11] offert la Statue aux Américains, c'était un cadeau. Bartholdi __________[12] travaillé plus de 21 ans pour avoir une statue idéale qui montre bien l'idée de la liberté. En 1886 Bartholdi ________[13] fini sa statue et on __________[14] transporté la « dame » à New York. La statue ____________[15] arrivée en beaucoup de *pièces, comme un puzzle et le 28 octobre 1886 elle __________[16] trouvé sa place sur Liberty Island.

Aufgabe 47 Céline aus Dijon telefoniert am 26. Dezember mit Julia aus Berlin. Sie berichtet, wie sie in ihrer Familie Weihnachten verbracht hat.
Ergänze die fehlenden Verben im *passé composé*.

L'après-midi du 24 décembre, j' ____________[1] (acheter) le cadeau pour maman. Je ____________[2] (partir) à deux heures et je ____________[3] (rentrer) à six heures. Le reste de la famille ____________[4] (rester) à la maison. Maman ____________[5] (décorer) l'arbre de Noël, mon frère, et papa ____________[6] (préparer) le repas. Puis, nous ____________[7] (mettre) nos pantoufles sous l'arbre. Grand-mère ____________[8] (faire) la bûche de Noël, un gâteau spécial. Grand-père ____________[9] (descendre) de sa chambre pour l'aider.

Le soir, nous ____________[10] (prendre) le repas en famille.

Après, Frédéric et moi, nous ____________[11] (monter) dans nos chambres. Pendant la nuit, le Père Noël ____________[12] (descendre) par la cheminée et il ____________[13] (mettre) les cadeaux dans les pantoufles.

Le matin du 25 décembre, Frédéric et moi, nous ____________[14] (descendre) de nos chambres pour ouvrir des cadeaux.

Après le petit déjeuner toute la famille ____________[15] (aller) à *la messe et après nous ____________[16] (prendre) le déjeuner ensemble. On ____________[17] (chanter) quelques *chants de Noël et Frédéric ____________[18] (jouer) avec ses cadeaux.

* la bûche de Noël: traditioneller französischer Weihnachtskuchen in Baumform.

Aufgabe 48 Claudine hat einen sehr strengen Erdkundelehrer. Dauernd ermahnt er die Schüler. Manchmal irrt er sich allerdings auch und ermahnt, obwohl niemand etwas angestellt hat.
Setze die Sätze verneint ins *passé composé*. Denke daran, dass du bei Verben, die mit *être* konjugiert werden, eventuell angleichen musst.

a) Arrête de parler avec ta voisine, François.

Mais monsieur, je n'ai pas parlé avec ma voisine ______.

b) Arrête d'écrire dans tes livres, Sybille.

Mais monsieur, je ______.

c) Arrête de monter sur la table, Anne.

______.

d) Arrête de manger pendant le cours, Sabrine.

______.

e) Arrête de téléphoner avec ton *portable, Luc.

______.

f) Arrête de lire cette bande dessinée, Ahmed.

______.

g) Arrête d'aller à la cantine et d'arriver en retard, Joséphine.

______.

h) Arrête de fumer, Elaine.

______.

i) Arrête de dormir pendant la leçon, Mathilde.

______.

j) Arrête d'écrire des lettres à ta voisine, Marc.

______.

k) Arrête de regarder par la fenêtre pendant le cours, Philippe.

______.

l) Arrête de faire du bruit, Sandrine.

______.

**Aufgabe 49** Michaela besucht ihre französische Freundin Bernadette und nimmt an der Feier zur Kommunion von Bernadettes Bruder Frédéric teil. Einige Tage später fragt Bernadettes Mutter Michaela, ob man in Deutschland auch so feiert wie in Frankreich. Michaela erzählt, was bei der französischen Familienfeier anders war.

Erzähle im *passé composé*, was Julia gesagt hat. Oft kannst du die Sätze mit *on* bilden.

a) toute la famille – venir

______________________________

b) faire la bise à tout le monde

______________________________

c) prendre l'apéritif/boire beaucoup de vin

______________________________

d) manger beaucoup

______________________________

e) manger pendant des heures

______________________________

f) servir de la baguette avec tout

______________________________

g) danser

______________________________

h) jouer aux boules

______________________________

i) parler très vite/parler en même temps

______________________________

j) rester jusqu'à minuit.

______________________________

k) encore faire la bise à tout le monde pour dire « au revoir ».

______________________________

**Wie bildest du das *passé composé* der reflexiven Verben?**
Das *passé composé* der reflexiven Verben wird mit ***être + participe passé*** gebildet. Wie immer bei *être* musst du also an die Angleichung des *participe passé* ans Subjekt denken.

*Beispiele:* Luc s'est lavé.
Sophie s'est lavée.
Ils se sont lavés.
Elles se sont lavées.

**Beachte:** Folgt dem reflexiven Verb ein direktes Objekt (Frage: „wen oder was?"), so ist das Reflexivpronomen indirektes Objekt (Frage: „wem?"). Das *participe passé* bleibt dann unveränderlich.

*Beispiele:* Sophie s'est lavée.
(*se* ist hier direktes Objekt; Frage: „Wen wäscht Sophie?" Antwort: „sich")

Sophie s'est lavé les mains.
(*se* ist hier indirektes Objekt; Frage: „Wem wäscht Sophie die Hände?" Antwort: „sich")

**Aufgabe 50** Nun setze die Geschichte aus Übung 40 (S. 50) ins *passé composé*.

a) A huit heures, Patricia Kaas s'est levée.

b) ______

c) ______

d) ______

e) ______

parce qu'elle allait arriver trop tard au studio.

f) ______

g) ______

h) ______

i) ______

j) ______

**Aufgabe 51** Mathilde wurde in der Schule mündlich geprüft, weil sie eine Klassenarbeit versäumt hatte. Sie war schon beim Aufstehen sehr nervös. Ob alles gut gehen würde? Am Tag nach der Prüfung berichtet sie ihrer Oma.
Ergänze die reflexiven Verben. Achte auf die Angleichung.

« Je ______________________[1] (se lever) à sept heures – une heure plus tôt que normalement. J'étais très nerveuse ! Je ________________[2] (se laver), mais je ______________[3] (se laver) seulement les mains, j'étais si nerveuse. Ma sœur Eliane ____________________[4] (se réveiller) parce que j'ai fait du bruit et nous ________________________[5] (s'habiller). Nous ______________________[6] (se mettre) à table et Eliane a bien mangé – mais je n'ai rien mangé – j'étais si nerveuse ! Je _____________________[7] (s'inquiéter) tout le temps et j'ai juste mangé un peu de baguette. Eliane a parlé tout le temps pour m'aider – elle est vraiment gentille. Je __________________[8] (s'excuser) parce que je n'ai rien dit et elle a compris – j'étais si nerveuse ! Finalement nous sommes parties. Nous ____________________[9] (s'arrêter) chez le boulanger pour acheter du pain. Je ________________________[10] (s'inquiéter) parce que je ne voulais pas être en retard. J'étais si nerveuse !
Finalement nous ________________________________[11] (se trouver) à l'école.
En classe je ___________________[12] (se mettre) à ma table et je ________________________[13] (se demander) pourquoi je n'étais pas à la maison – malade …
Le prof est arrivé et il _________________[14] (s'adresser) à moi tout de suite. Il a dit : « Mathilde, je pense que tu as tout compris, donc un *examen oral n'est pas vraiment *nécessaire. » J'ai regardé le prof … et je _________________[15] (se demander) : Pourquoi est-ce que tu as travaillé si *dur ? J'ai dit cela au prof – il m'a examinée et tout _______________[16] (se passer) très bien – et je n'étais plus nerveuse.
Et l'après-midi, Eliane, mes amis et moi, nous _________________________[17] (se reposer) à la *piscine. »

**Aufgabe 52** Sammle alle Nomen, die dir zu *maison, école* und *vacances* einfallen. Gib jeweils den bestimmten Artikel mit an.

| maison | école | vacances |
|---|---|---|
| la chambre | le professeur | la mer |
| | | |
| | | |
| | | |
| | | |
| | | |
| | | |
| | | |
| | | |
| | | |
| | | |
| | | |
| | | |
| | | |
| | | |
| | | |

**Aufgabe 53** Die Comic-Helden Asterix und Obelix kennst du sicherlich. Doch wer hat sie erfunden? Setze im folgenden Text die richtigen *passé-composé*-Formen ein. Denke auch an die Angleichung bei Verben, die mit *être* konjugiert werden.

Est-ce que tu connais Astérix et Obélix ? Bien sûr ! Mais qui ______________ [1] (écrire) la *bande dessinée et qui ______________ [2] (faire) les dessins ?
Entre 1920 et 1930, Albert Uderzo, un garçon français d'une famille italienne, ______________ [3] (lire) sa première bande dessinée : « Mickey Mouse ». Il ______________ [4] (trouver) ces dessins fantastiques et il ______________ [5] (se décider) à dessiner. A l'âge de 14 ans il ______________ [6] (apprendre) à faire ses premiers dessins et depuis il ______________ [7] (ne plus arrêter) de dessiner. Il ______________ [8] (créer) beaucoup de *personnages, mais ces personnages ______________ [9] (ne jamais devenir) aussi *populaires qu'Astérix plus tard.
En 1951 René Goscinny ______________ [10] (venir) d'Amérique et il ______________ [11] (rencontrer) Uderzo. Depuis ce jour, les deux hommes ______________ [12] (travailler) ensemble. Goscinny ______________ [13] (écrire) les textes et Uderzo ______________ [14] (faire) les dessins. En 1959 ils ______________ [15] (créer) « Astérix le Gaulois ». Cette bande dessinée ______________ vite ______________ [16] (devenir) un best-seller en France et bientôt les gens en Allemagne, en Angleterre, etc. ______________ [17] (s'intéresser) au petit Astérix, donc on ______________ [18] (écrire) les textes en plus de 40 *langues.
En 1977 Goscinny est mort – c'était un choc pour toute la France. Mais Uderzo ______________ [19] (ne pas se reposer). Il ______________ [20] (continuer) le travail et depuis il ______________ [21] (faire) les dessins et les textes. Aujourd'hui il y a 14 000 dessins, 30 titres différents et on ______________ [22] (vendre) 250 millions de bandes dessinées. On ______________ même ______________ [23] (faire) 6 films !

## 6.2 Das *imparfait* – *L'imparfait*

**Wann verwendest du das *imparfait*?**
Das *imparfait* (Imperfekt) ist wie das *passé composé* eine Zeitform der Vergangenheit.
Es beschreibt **Zustände und gewohnheitsmäßige Handlungen in der Vergangenheit**.
Du verwendest das *imparfait*, wenn etwas „schon und immer noch" passiert ist.
Die genauen Verwendungsregeln findest du auf Seite 70 f.

**Wie bildest du das *imparfait*?**

- Das *imparfait* wird aus dem Stamm der ersten Person Plural Präsens gebildet, also der *nous*-Form. An diesen Stamm hängt man die Endungen *-ais, -ais, -ait, -ions, -iez, -aient*. Diese Ableitungsregel gilt für fast alle Verben.

**travailler** *1. Person Plural:* nous travaillons → imparfait-*Stamm:* travaill-

| *Singular* | | *Plural* | |
|---|---|---|---|
| je | travaillais | nous | travaillions |
| tu | travaillais | vous | travailliez |
| il | travaillait | ils | travaillaient |

- Zu den wenigen **Ausnahmen** gehören die Verben *être* und *falloir*.

**être** *1. Person Plural:* nous sommes, *aber:* imparfait-*Stamm:* ét-

| | | | |
|---|---|---|---|
| j' | étais | nous | étions |
| tu | étais | vous | étiez |
| il | était | ils | étaient |

**falloir** il fallait

- **Beachte** eine Besonderheit in der 1. und 2. Person Plural bei Verben wie *manger* und *commencer:*

**manger** *1. Person Plural:* nous mangeons → imparfait-*Stamm:* mange-

| | | | |
|---|---|---|---|
| je | mangeais | nous | mangions |
| tu | mangeais | vous | mangiez |
| il | mangeait | ils | mangeaient |

**commencer** *1. Person Plural:* nous commençons → imparfait-*Stamm:* commenç-

| | | | |
|---|---|---|---|
| je | commençais | nous | commencions |
| tu | commençais | vous | commenciez |
| il | commençait | ils | commençaient |

Du findest die *imparfait*-Formen wichtiger Verben auch im Anhang (ab S. 149).

**Aufgabe 54** François kommt von einem Einkaufsbummel in Straßburg nach Hause zurück und ist wie benommen. Er hat die Frau seines Lebens gesehen. Er beschließt, in der Straßburger Tageszeitung eine Annonce aufzugeben, um die schöne Unbekannte wiederzusehen.

Füge die passenden *imparfait*-Formen in den Anzeigentext ein.

Salut, ma belle. Je t'ai vue à Strasbourg, samedi dernier, à 18 heures. Tu étais[1] devant le magasin Galérie Lafayette, et tu ____________[2] quelqu'un. Tu ____________[3] un manteau noir et des chaussures rouges. Tu ____________[4] les articles des magasins et tu ____________[5] un journal sous ton bras. Tu ____________[6] une cigarette. Mais le plus important – tu ____________[7] si belle ! Moi, je ____________[8] le bus de l'autre côté de la rue et je ____________[9] fasciné par tes yeux bruns et tes cheveux noirs. Je ____________[10] te parler, mais je ne l'____________[11] pas. Je ____________[12] que je n'allais jamais oublier cette fille. Je suis amoureux de toi, sans te connaître. Téléphone-moi.

1 être
2 attendre
3 porter
4 regarder
5 avoir
6 fumer
7 être
8 attendre
9 être
10 vouloir
11 oser
12 savoir

**Aufgabe 55** Die Familie Meunier ist von der kleinen Stadt Nogent nach Paris gezogen. Vieles hat sich verändert. Die Familienmitglieder überlegen, wo es ihnen besser gefällt. Setze jeweils die *imparfait*-Form des angegebenen Verbs ein.

MME MEUNIER : Maintenant nous habitons dans un appartement. A Nogent, nous habitions[1] (habiter) dans une vieille maison.

M. MEUNIER : Et je me lève à six heures le matin. A Nogent, je me ____________[2] (lever) à cinq heures.

MME MEUNIER : Ici, on prend le petit déjeuner tous ensemble. A Nogent, je ____________[3] (prendre) le petit déjeuner seule avec les enfants.

M. MEUNIER : C'est vrai. Ici, les enfants sortent de la maison à 8.30 heures. A Nogent, ils ____________[4] (sortir) à huit heures.

NICOLE : Mais papa, ici tu travailles plus longtemps. A Nogent, tu ____________[5] (travailler) jusqu'à quatre heures de l'après-midi, ici jusqu'à six heures ou plus.

M. MEUNIER : Oui, mais voyez, ici je travaille comme *conducteur de *Métro. C'est très intéressant. A Nogent, je ________________[6] (travailler) dans une petite usine.

ANDRÉ : Pour aller chez grand-mère, il nous faut deux heures maintenant. A Nogent, il nous ________________[7] (falloir) dix minutes.

MME MEUNIER : Mais à Paris tu peux aller voir 50 films le soir, et à Nogent, tu ________________[8] (pouvoir) seulement voir un seul film le soir.

NICOLE : Ici, nous ne connaissons pas beaucoup de gens. A Nogent, nous ________________[9] (connaître) tout le monde.

ANDRÉ : Eh oui. Ici, à l'école, je ne peux pas jouer au foot. A Nogent, je ________________[10] (jouer) tous les jours !

M. MEUNIER : Mais ici tu fais du *patin à roulettes. A Nogent, tu ____________[11] (faire) seulement du vélo.

ANDRÉ : Oui, la Défense[1] est super pour faire du patin à roulettes, c'est vrai. Quand même, à Nogent, tout ________________[12] (être) mieux !

1 La Défense : modernes Vorortviertel von Paris.

Paris

Nogent

## 6.3 Wann verwendest du das *passé composé,* wann das *imparfait?* *L'emploi du passé composé et de l'imparfait*

*Passé composé* und *imparfait* sind Zeitformen der Vergangenheit. Mit ihnen kannst du auf Vergangenes Bezug nehmen. Doch wann verwendest du *passé composé*, wann *imparfait*? In **Hauptsätzen** gelten folgende Verwendungsregeln:

*passé composé*

- Die Vergangenheit ist zeitlich klar begrenzt.
- Der Sprecher erzählt einmalige (oft plötzlich einsetzende) Handlungen und Geschehnisse oder auch Handlungsketten mit deutlichem Anfang oder Ende.
- Es geht um Ereignisse, die sich im Vordergrund abspielen.
- Hilfsfragen:
  – Was geschah dann?
  – Was passierte einmal?
- Signalwörter: z. B. *hier, l'année dernière, en 1984, puis, ensuite*

*imparfait*

- Die Vergangenheit ist zeitlich unbegrenzt, oder ihr Anfang und Ende sind unwichtig.
- Der Sprecher beschreibt Zustände, Begleitumstände, gewohnheitsmäßige Handlungen oder auch parallel verlaufende Handlungen ohne zeitliche Begrenzung.
- Es geht um Hintergrundinformationen, um Erklärungen und Kommentare
- Hilfsfragen:
  – Was war schon/immer noch?
  – Wie war es?
  – Was war gerade?
- Signalwörter: z. B. *toujours, jamais*

*Beispiele:* Nous étions en août 2002. Comme d'habitude nous passions nos vacances en Italie. Mon père aimait la mer et moi, j'adorais le soleil. Il y avait toujours du soleil. Mais le 5 août 2002, tout a changé. Tout à coup il a commencé à pleuvoir, et tout le monde a quitté la plage très vite. J'ai tout de suite fait les valises et le soir on a quitté l'Italie.

Diese Verwendungsregeln gelten auch für **Satzgefüge** aus Haupt- und Nebensatz.. Das *imparfait* beschreibt hier oft einen Zustand oder Vorgang, der von einem Ereignis im *passé composé* unterbrochen wird.

*Beispiel:* Nicole lisait un livre quand son père est rentré à la maison.

- Folgen zwei oder mehrere Handlungen aufeinander, so stehen alle im ***passé composé.***
  *Beispiel:* Quand elle a vu un monsieur avec un revolver, elle a tout de suite appelé la police.
- Beschreiben Haupt-und Nebensatz hingegen parallel/gleichzeitig verlaufende Handlungen, so stehen beide im ***imparfait.***
  *Beispiel:* Pendant que Stéphane rentrait à la maison, il pensait à son ami.

Hier noch zwei **Tipps:**

- Da *être* oft Zustände beschreibt, steht es in der Vergangenheit meist im *imparfait*.
  *Beispiel:* Ta grand-mère était la plus belle fille du village.
- Relativsätze stehen oft im *imparfait*, da sie etwas näher beschreiben.
  *Beispiel:* Tout à coup il a vu une femme qui voulait traverser la rue.

**Aufgabe 56** Ahmed lebt in Marseille. Er erzählt aus seinem Leben.
Setze den Text in die Vergangenheit und verwende entweder *passé composé* oder *imparfait* statt der unterstrichenen Präsensformen.

Ahmed passe[1] les quatre premières années de sa vie au Maroc*. C'est[2] un petit garçon qui aime[3] beaucoup sa mère et son père.
A l'âge de quatre ans il quitte[4] le Maroc avec ses parents. Il commence[5] une nouvelle vie à Marseille, en France.
Au début, il est[6] très malheureux. Il ne parle[7] pas le français et donc il ne comprend[8] pas les autres garçons. A la maison on parle[9] arabe, mais Ahmed essaie[10] d'apprendre la nouvelle *langue le plus vite possible.
Enfin, son père trouve[11] un bon travail et la famille n'est[12] plus aussi pauvre. On déménage[13] dans un appartement plus grand et Ahmed entre[14] à l'école. Il n'a[15] pas de problèmes *car il travaille[16] beaucoup et apprend[17] vite les choses. Mais les élèves français n'aiment[18] pas le garçon du Maroc et Ahmed est[19] souvent seul.
Un jour, Miguel, un garçon espagnol entre[20] dans la classe. Il a[21] les mêmes problèmes avec le français qu'Ahmed, donc Ahmed l'aide[22]. Miguel et Ahmed deviennent[23] les meilleurs amis.

* Le Maroc: Marokko

**Aufgabe 57** Schreibe eine Geschichte in der Vergangenheit. Du kannst in der Ich-Form schreiben oder eine Person erfinden, der etwas passiert. Verwende die unten angegebenen Wörter. Die Verben müssen natürlich entsprechend deiner Erzählung angepasst werden.

Mercredi dernier – chien – boulangerie – supermarché – fromage – voir *voleur – crier – ne pas réagir – voleur : sortir – prendre – *appareil photo – prendre une photo – le détective du supermarché : « voler – appareil photo ! » – « non ! – voleur : quitter – avoir les photos » – détective : regarder – surpris – connaître le voleur ! – chef du supermarché, M. Talmanier – mettre petit ordinateur – sac

**Aufgabe 58** Die Schülerzeitung eines Gymnasiums in Toulouse will einen Artikel über die Sängerin und Schauspielerin Vanessa Paradis veröffentlichen. Ein Schüler, Bastien, schreibt über ihr Leben.
Verfasse den Artikel in vollständigen Sätzen. Achte darauf, die richtige Vergangenheitszeit zu wählen.

| | |
|---|---|
| 1985: | 13 ans - sortir son premier *tube: *Joe, le taxi* - après: retourner à l'école |
| 1989: | chanteur Serge Gainsbourg - écrire des chansons pour elle - être un succès |
| 1990: | faire son premier film: *Noce Blanche* - être un grand succès |
| 1992: | commencer à travailler avec Lenny Kravitz - depuis ce jour: chanter en anglais - devenir très *célèbre |
| 1993: | faire sa première tournée/triomphe! - les fans: adorer - jeune femme |
| 1995: | rencontrer Gérard Depardieu - *tourner ensemble le film *Elisa* |
| 1999: | *mettre au monde - premier enfant - père: Johnny Depp |
| 2001: | commencer une grande tournée - toute la France - terminer à Montréal au Canada |
| 2004: | chanter en duo avec Charles Aznavour<br>Il - fêter - son 80ᵉ anniversaire - ce jour-là |

ufgabe 59* In dem folgenden Text über Napoleon sind einige Wörter kursiv gedruckt. Diese Wörter hast du noch nicht als Vokabeln gelernt, du kannst sie aber problemlos verstehen, da es im Deutschen oder Englischen ganz ähnliche Wörter gibt. Manchmal musst du sie dir nur laut vorsprechen, dann wird der Sinn klar. Ergänze die Lücken und setze das *passé composé* oder *imparfait* der Verben ein. Denke an eventuelle Angleichungen.

Napoléon Bonaparte (1769–1821) ________________ [1] (être) un homme très important pour l'histoire de la France. Il ________________ [2] (changer) l'*Europe* en très peu de temps. En 1793, à l'âge de 24 ans, il ________________ [3] (être) le général le plus jeune de la *Révolution Française.* Il ________________ [4] (être) très intelligent, *discipliné* et *autoritaire* et il ________________ [5] (dormir) très peu. On ________________ [6] (dire) même qu'il ________________ [7] (être) un génie. Il ________________ [8] (donner) aux Français le *sentiment *d'appartenir à une « Grande Nation » et les Français ________________ [9] (suivre) cet homme. Ses *armées* (f.) ________________ [10] (gagner) beaucoup de *batailles et les soldats ________________ même ________________ [11] (entrer) en *Egypte.* Les gens ________________ [12] (adorer) cet homme. Il ________________ [13] (être) assez petit et donc il ________________ [14] (essayer) toujours de *paraître plus grand. Mais Napoléon ________________ [15] (vouloir) un peu trop de choses. Il ________________ [16] (ne pas réussir) à gagner contre le *tsar* de Russie. Sa dernière bataille ________________ [17] (être) la bataille de Waterloo qui ________________ [18] (mettre) fin à sa *carrière.*

Les Français ________________ [19] (aimer) leur Napoléon même quand il ________________ [20] (être) déjà mort et alors, en 1848, son *neveu ________________ [21] (devenir) *président.*

## 6.4 Das *plus-que-parfait* – *Le plus-que-parfait*

**Wann verwendest du das *plus-que-parfait*?**
Das *plus-que-parfait* beschreibt vergangene **Vorgänge** oder **Zustände**, die schon **vor** einem **anderen Geschehen in der Vergangenheit stattgefunden** haben und **abgeschlossen** wurden (Vorvergangenheit).

*Beispiele:* Quand maman est rentrée du travail, Sandrine était au lit. Elle avait fait la cuisine, elle avait rangé sa chambre et elle avait donné à manger au chien. Elle était allée au supermarché et elle avait fait ses devoirs. Maintenant, elle était fatiguée.

**Wie bildest du das *plus-que-parfait*?**
Das *plus-que-parfait* setzt sich wie das *passé composé* aus zwei Teilen zusammen: aus dem ***imparfait* von *avoir* oder *être* und** dem ***participe passé***. Auch beim *plus-que-parfait* musst du auf die Angleichung des *participe passé* an das Subjekt achten, wenn das Verb mit *être* konjugiert wird.

*Beispiel:* Elle avait travaillé. Elle était arrivée.

Die **Verneinung** umschließt genau wie beim *passé composé* die konjugierte Form des Verbs, also die Form von *avoir* oder *être*.

*Beispiel:* Elle n'avait pas travaillé. Elle n'était pas arrivée.

Aufgabe 60 M. Jean-Paul Gaultier, einer der bekanntesten Modeschöpfer Frankreichs, hat ein anstrengendes Leben. Seine Tage sind voller Termine und Aufgaben, sodass er abends erschöpft ins Bett fällt. Hier ist die Beschreibung eines seiner Tage. Setze die Verben in Klammern ins *plus-que-parfait*.

Quand M. Gaultier s'est couché hier soir, il ____________[1] (prendre) son petit déjeuner avec une amie. Il ____________[2] (rencontrer) son secrétaire privé et il ____________[3] (discuter) les choses importantes de ce jour. Il ____________[4] (parler) avec son collègue M. Karl Lagerfeld et il ____________[5] (écrire) une lettre à Heidi Klum. Il ____________[6] (recevoir) un journaliste du *magazine *Vogue* et lui ____________[7] (montrer) le château de Versailles.

Il ____________[8] (aller) au bureau pour y parler de la collection d'été. Il ____________[9] (boire) un verre de vin avec Luc Besson, un *réalisateur de films, et il ____________[10] (manger) un repas excellent dans un restaurant avec sa famille le soir.

**Aufgabe 61** Als Fabien gestern von einer Party nach Hause kam, sah sein Zimmer völlig verändert aus. Einige Dinge ärgerten ihn sehr, andere, wie die erledigten Hausaufgaben, waren gar nicht so schlecht. Die beiden Bilder zeigen Fabiens Zimmer vor und nach der Party. Was war während seiner Abwesenheit geschehen? Verwende das *plus-que-parfait* und schreibe mindestens acht Sätze.

On avait dessiné sur ses cahiers.

La lumière était *allumée.

**Aufgabe 62*** In dieser **Knobelaufgabe** kommen das *passé composé,* das *imparfait* und das *plus-que-parfait* vor.
Marie, Mathilde und Jean-Luc sitzen in Maries Zimmer und unterhalten sich. Sie erinnern sich an eine Fete *(une boum),* als Mathildes Eltern in Urlaub waren und Mathilde ohne deren Erlaubnis in ihrem Haus feierte. Und wer stand mitten in der Feier plötzlich im Wohnzimmer? Herr und Frau Rochelle, Mathildes Eltern, die unerwartet früh zurück waren …
Ergänze die passenden Verbformen.

MARIE : Vous vous souvenez de la boum l'année dernière ? Quand les parents de Mathilde ________________ [1] (retourner) trop tôt de leurs vacances ?

JEAN-LUC : Vous ________________ [2] (voir) le visage de son père ? Oh ! là ! là ! Nous ________________ [3] (danser) et il nous ________________ (regarder)[4] sans rien dire.

MATHILDE : Et on ________________ [5] (préparer) si bien la fête ! Jean-Luc ________________ [6] (acheter) quelque chose à boire et à manger, Marie ________________ [7] (apporter) la musique, et moi, j'________________ [8] (décorer) la maison. Et tous les amis ________________ [9] (venir).

MARIE : Moi, je ________________ [10] (danser) avec Sébastien quand, tout à coup, ton père ________________ [11] (ouvrir) la porte. Marcel ________________ (arrêter)[12] la musique et André ________________ [13] (mettre) les cigarettes dans sa poche. Après, Mathilde ________________ [14] (ouvrir) une fenêtre et nous ________________ [15] (partir).

MATHILDE : Mes parents ________________ [16] (être) très énervés, parce que je ________________ [17] (ne rien dire) de la boum. Mais plus tard, dans leur chambre, ils ________________ [18] (*rigoler). Le jour d'après, ma mère ________________ [19] (raconter) qu'elle ________________ [20] (faire) la même chose quand elle ________________ [21] (être) jeune.

**Aufgabe 63** Schreibe Tagebucheinträge zu vier Tagen deiner letzten Sommerferien. Verwende dabei die Vergangenheit und schreibe in der Ich- oder in der Wir-Form. Schreibe insgesamt 150 –200 Wörter.

# 7 Das Adverb – *L'adverbe*

**Adverbien** bestimmen andere Wörter oder ganze Sätze näher. Es gibt **ursprüngliche Adverbien** (z. B. *ici, demain, déjà, peu, vite*) und **abgeleitete Adverbien** (z. B. *directement, pratiquement*). Alle Adverbien sind unveränderlich.

**Wann verwendest du Adverbien?**
Anders als Adjektive, die sich auf ein Nomen oder ein Pronomen beziehen, **bestimmen** Adverbien **Verben, Adjektive,** andere **Adverbien** oder ganze **Sätze näher**.

| | | |
|---|---|---|
| *Beispiele:* | Pierre parle vite. | (nähere Bestimmung des Verbs *parle*) |
| | Elle est très jolie. | (nähere Bestimmung des Adjektivs *jolie*) |
| | Pierre parle trop vite. | (nähere Bestimmung des Adverbs *vite*) |
| | Bien sûr, tu as raison. | (nähere Bestimmung des Satzes *tu as raison*) |

Aufgabe 64 In folgender Aufgabe geht es um Menhire – große, geheimnisvolle Steine, die man an verschiedenen Stellen in Frankreich finden kann.
Fülle die Lücken aus, indem du Adjektive oder Adverbien einsetzt.

## Les menhirs

Tu connais le ____________[1] (petit) Astérix et le ____________[2] (grand) Obélix ? Bien sûr ! Ce sont les deux Gaulois* qui font tout ________________[3] (ensemble) et qui luttent ____________[4] (toujours) contre les Romains. Mais ils sont quand même __________[5] (gentil), ces deux hommes __________[6] (fort) ! Obélix porte __________[7] (souvent) une ___________[8] (grand) *pierre – elle s'appelle menhir. Qu'est-ce que c'est ? – En réalité les Gaulois n'ont ____________[9] (jamais) porté de menhirs, parce que les menhirs sont beaucoup plus _________[10] (vieux). Les menhirs ont été faits 3500–2200 ans __________[11] (avant) Jésus-Christ. Avec ces __________[12] (grand) menhirs on voulait montrer l'homme *dans toute sa grandeur – quelquefois les menhirs montrent des femmes, quelquefois des hommes ______________[13] (important). En 1888 on a trouvé le ___________[14] (premier) menhir. Depuis ce temps, on essaie de trouver *la réponse à la question : « Comment est-ce qu'on a construit ces menhirs et pourquoi est-ce qu'on a fait cela ? » Un jour, on aura peut-être trouvé la réponse.

* Gaulois: Gallier. Die Gallier lebten seit dem 7. Jahrhundert v. Chr. im heutigen Frankreich. Seit 225 v. Chr. wurden sie von den Römern *(les Romains)* unterworfen.

## 7.1 Die Stellung der ursprünglichen Adverbien im Satz – *La position de l'adverbe simple dans la phrase*

Adverbien stehen je nach ihrer Bedeutung an verschiedenen Stellen im Satz.

- Am **Anfang oder** am **Ende des Satzes** stehen
  - **Adverbien des Ortes** (*ici, là, là-bas, partout*) und
  - **Adverbien der bestimmten Zeit** (*aujourd'hui, demain, hier, maintenant*).

*Beispiele:* Il fait beau ici.
Maintenant je vais aller à la boulangerie.

- Meist **nach der konjugierten Verbform** stehen
  - **Adverbien der unbestimmten Zeit** (*après, avant, déjà, encore, longtemps, souvent, tard, tôt, toujours, tout de suite*),
  - **Adverbien der Menge** (*assez, beaucoup, moins, peu, plus, trop, très*) und
  - **Adverbien der Art und Weise** (*bien, ensemble, mal, mieux, vite*).

*Beispiele:* Nous allons souvent à la piscine.
J'ai beaucoup mangé.
Il va vite trouver un hôtel.

**Beachte:** *Tôt, tard, avant, après* und *ensemble* stehen bei zusammengesetzten Zeiten nach dem *participe passé* oder dem Infinitiv.

*Beispiele:* Je vais manger tôt.
Nous avions mangé ensemble.

Aufgabe 65 Aurélie hat heute schlechte Laune. Alles geht schief und die Schule nervt sie. Welches Adverb passt in welche Lücke? Setze die Adverbien in die Sätze ein.

tôt – toujours – beaucoup – trop – hier – partout – maintenant – ensemble – demain – longtemps – vite

a) On travaille ____________________.

b) ____________________, j'ai eu une mauvaise note.

c) Ma copine et moi, on ne peut jamais travailler ____________________.

d) ____________________, on va écrire un contrôle de maths.

e) Les leçons durent ____________________.

f) J'ai encore des devoirs à faire. Je dois ____________________ travailler le soir.

g) ____________________ il y a des profs.

h) Je dois me lever ____________________ le matin.

i) A l'école il faut travailler ____________ et il faut travailler ____________.

j) Ouf. ____________________ je suis fatiguée.

**Aufgabe 66** Aurélies Klasse plant eine Klassenfahrt nach Straßburg. Die Lehrerin erklärt, was zur Vorbereitung noch alles getan werden muss.
Setze die an der Seite angegebenen Adverbien an der richtigen Stelle im Satz ein, sodass die Sätze einen Sinn erhalten.

| | | |
|---|---|---|
| a) | Nous allons préparer notre visite en France. | aujourd'hui |
| b) | Il y a des prospectus sur Strasbourg. | ici |
| c) | Vous cherchez des informations sur la ville. | maintenant |
| d) | Mélanie et Stéphane, vous travaillez. | ensemble |
| e) | Prenez vos cahiers. | vite/maintenant |
| f) | A Strasbourg, il y a des marchés. | là-bas/souvent |
| g) | Stéphane va nous parler de La Petite France. | demain |
| h) | Il y a des informations. | partout |
| | Vous pouvez aussi trouver des informations sur Internet. | beaucoup |
| i) | J'ai téléphoné à un ami de Strasbourg. | hier |
| j) | Il dit que Strasbourg est intéressant. | très |

## 7.2 Abgeleitete Adverbien – *Les adverbes avec la terminaison -ment*

**Wie bildest du abgeleitete Adverbien?**

Die meisten Adverbien bildet man, indem man an die **feminine Form des Adjektivs** die **Endung *-ment*** anhängt. Hat ein Adjektiv in Maskulinum und Femininum die gleiche Form, so leitet man das Adverb von dieser Form ab.

| | *maskulin* | *feminin* | *Adverb* |
|---|---|---|---|
| *Beispiele:* | normal | normale | normalement |
| | long | longue | longuement |
| | facile | facile | facilement |

*gentil/gentille* bildet eine Ausnahme: *gentil – gentille – gentiment.*

**Beachte:**

- Endet ein Adjektiv auf einem **hörbaren Vokal**, so wird das Adjektiv von der maskulinen Form abgeleitet.

| | *maskulin* | *feminin* | *Adverb* |
|---|---|---|---|
| *Beispiele:* | joli | jolie | joliment |
| | vrai | vraie | vraiment |

  Das einzige Adjektiv, das auf einem Vokal endet und dennoch von der femininen Form ableitet, ist *gai, gaie* (Adverb *gaiement*).

- Adjektive, die auf *-ent* oder *-ant* enden, bilden ihr Adverb auf *-emment* bzw. *-amment* (Aussprache bei beiden: [ɑ̃]):

| | *Adjektiv* | *Adverb* |
|---|---|---|
| *Beispiele:* | intelligent | intelligemment |
| | méchant | méchamment |

**Beachte:** Einige Adverbien werden auf *-ément* (Aussprache: [emɑ̃]) gebildet.

| | | |
|---|---|---|
| *Beispiele:* | énorme | énormément |
| | précis | précisément *(dt. präzise, genau)* |
| | immense | immensément *(dt. gewaltig, viel)* |

**Aufgabe 67** Als Familie Meier in Paris ankommt, erwartet sie ein komfortables Hotel. Herr Meier liest erst einmal den Hotelprospekt durch.

Ergänze die abgeleiteten Adverbien. Achtung: ein Adjektiv hat sich eingeschlichen, und Adjektive müssen ja ans Bezugswort angepasst werden …

Bienvenue à l'hôtel *Chez Maman*. Ici on vous offre ______________[1] (vrai) beaucoup de choses. Les chambres sont ______________[2] (joli) *décorées, et l'hôtel se trouve ______________[3] (direct) au centre de la ville. À l'entrée, une jeune femme vous aide ______________[4] (gentil), donc ______________[5] (normal) vous n'aurez pas de problèmes. Vous pouvez lui parler ______________________[6] (facile), parce qu'elle parle français, anglais et allemand. Si vous voulez ____________________[7] (actif) visiter Paris, vous pouvez le faire _______________[8] (intelligent) : avec notre guide qui est _______________[9] (énorme) informé sur la ville et l'histoire de la ville. Et vous n'attendrez pas ____________________________[10] (long) un taxi – la maison vous offre un taxi avec chauffeur, si vous le désirez. C'est pratique, parce que les rues de Paris sont ______________________[11] (dangereux). Mais pas de problème : Avec Pierre, notre chauffeur, vous pouvez être _________________________[12] (complet) sûr d'arriver. Et maintenant : *Bon séjour à Paris !

ufgabe 68* **Knobelaufgabe:** In Vanessas Schule ist nachts eingebrochen worden. Maurice ist heute spät dran und fragt Vanessa, die mit den anderen Schülern draußen vor der Schule wartet, was passiert ist.
Ergänze die Adverbien und – in einigen Fällen – die Adjektive.

MAURICE : Salut Vanessa. Dis-moi ____________________[1] (vite) : Qu'est-ce qui se passe ici ?

VANESSA : _______________________[2] (hier) quelqu'un a _________________________[3] (méchant) ouvert la porte et puis les fenêtres de l'école ____________________[4] (direct) à côté de la porte.

MAURICE : ______________________[5] (vrai) ? Mais ______________________[6] (normal) cela fait ____________________[7] (énorme) de bruit !

VANESSA : C'est vrai. On peut _____________________[8] (difficile) entrer *de force dans un immeuble sans faire de bruit. Mais la police pense que les criminels ont ____________________[9] (intelligent) ouvert la porte avec une clé.

MAURICE : Avec une clé ? C'est vraiment ________________________[10] (intelligent). Mais qui leur a donné les clés ?

VANESSA : Je ne sais pas. Je suis très ______________________[11] (content), parce qu'il n'y a pas d'école aujourd'hui. Les criminels ont *cassé ____________________[12] (énorme) de choses, des tables, des chaises, des portes …

Maurice : Ils ont ____________________[13] (beaucoup) cassé ? Mais qui va payer pour tout cela ? Les élèves peuvent ____________________[14] (difficile) payer pour cela, ils n'ont pas d'argent …

Vanessa : Je ne sais pas qui va payer pour tout cela, mais les élèves ne vont ____________________[15] (sûr) pas payer ! Nous n'avons pas tout cassé !

Maurice : Regarde, la police est là. Les policiers ont un ______________[16] (joli) uniforme . Ah, ils disent aux élèves d'aller __________________[17] (vite) à la maison. Mais je veux tout voir !

Vanessa : Bien sûr ! Moi aussi. Regarde, notre prof de maths. Il est ____________________[18] (terrible) énervé. Et Mme Martin, la prof d'allemand, lui parle ______________[19] (gentil). C'est une femme très ______________[20] (gentil). Les criminels ont aussi cassé les cahiers avec les notes des élèves. C'est vraiment __________________[21] (amusant).

## 7.3 Steigerung und Vergleich der Adverbien – *Le comparatif et le superlatif des adverbes*

**Wie bildest du den Komparativ von Adverbien?**

Wie beim Adjektiv (siehe S. 28) bildest du den Komparativ, indem du ***plus, moins, aussi*** vor das Adverb setzt und das Bezugswort des Vergleichs mit ***que*** anschließt.

*Beispiele:* Fabienne court plus vite que Sandrine.
Sandrine court moins vite que Pascal.
Stéphane court aussi vite que Léonie.

**Wie bildest du den Superlativ von Adverbien?**

Den Superlativ bildest du, indem du ***le plus, le moins*** vor das Adverb setzt.

*Beispiele:* Ahmed court le plus vite.
Sandrine court le moins vite.

**Beachte:** Einige Adverbien haben besondere Steigerungsformen:

- *beaucoup – plus – le plus* (viel – mehr – am meisten)
- *peu – moins – le moins* (wenig – weniger – am wenigsten)
- *bien – mieux – le mieux* (gut – besser – am besten)

Aufgabe 69 An einem *lycée* in Dijon findet ein Sporttag statt. Alle Schüler nehmen teil. Am nächsten Tag hängen am schwarzen Brett die Ergebnisse der besten Sportler und Sportlerinnen.

Bilde Sätze, in denen du die Ergebnisse vergleichst. Du kannst auch den Superlativ verwenden. Nutze folgende Wortangaben:

*le saut en longueur* – Weitsprung, Verb: *sauter loin*
*la course* – Rennen, Verb: *courir vite/lentement*
*le saut en hauteur* – Hochsprung, Verb: *sauter haut*
*le football* – Fußball, Verb: *jouer mieux, plus mal*

**Saut en longueur**
Amélie : 4, 55 m ; Danièle : 4, 25 m; Jean : 5, 35 m ; René : 5, 35 m

**Course (100 m)**
Patricia : 13,5 secondes ; Larissa : 14,2 sec. ; Soraya : 14,5 sec. ;
Marc : 12,1 sec. ; Bérénice : 12,8 sec.

**Saut en hauteur**
Karima : 1,72 m ; Séverine : 1,68 m ; Attilio : 1,80 m ; Marcel : 1,78 m

**Football**
Equipe « les supermen » : gagné : 4 jeux
Equipe « les stars » : gagné : 3 jeux
Equipe « les sportifs » : gagné : 0 jeux

Amélie saute plus loin que Danièle.

Jean saute ______________________________ que René.

Marc court le ______________________________.

______________________________

______________________________

______________________________

______________________________

______________________________

______________________________

______________________________

______________________________

______________________________

**Aufgabe 70** Bilde Vergleiche. Die Pfeile geben an, ob du das Adverb steigern ↑ oder vermindern ↓ sollst. Ein Plus steht für den Superlativ.

a)

Jeanne/courir/vite/Bernard. ↑

b)

Simone/se lever/tôt/sa mère. ↓
Son père/se lever/tôt. +

c)

Mathieu/aller/souvent/cinéma/Bastien ↓

d)

M. Lupin/manger/tard/le soir/Mme Lupin. ↑

e)

Sophie/chanter/bien/Chantal. ↑
Sophie/chanter/bien/classe. +

f)

Fabien/manger/beaucoup/
Sébastien. ↑
Laurent/manger/beaucoup/
des trois. +

g

Lucile/jouer/mal/foot/
Estéphane. ↑
Yves/mal. +

h)

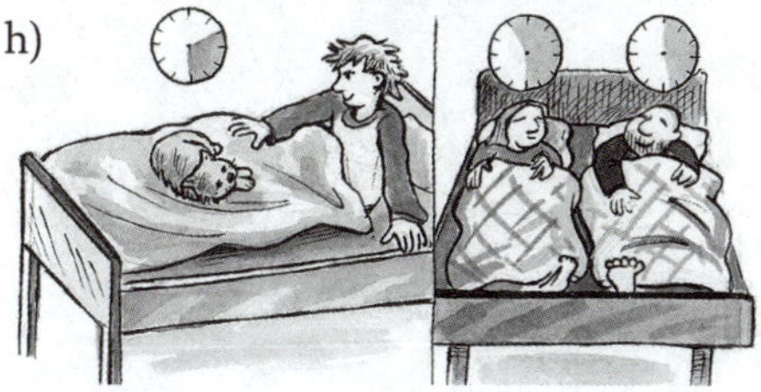

M. Leroc/dormir/peu/la nuit
dernière/Mme Leroc. ↓
Leur fille Dominique/dormir/
peu ... +

**Wie führst du ein Telefongespräch auf Französisch?**

Bei einem Telefongespräch gibt bestimmte Situationen, die immer wieder auftauchen. Was sagst du, wenn ...

- ... du dich **am Telefon meldest?**
  « Allô? C'est Marc. »
  « Bonjour madame/monsieur. Ici Marc Delmond. »
- ... du eine **andere Person sprechen** willst?
  « Je voudrais parler à ... / Puis-je parler à ... ? / Est-il possible de parler à ... ? / ..., est-il (est-elle) là ? / Pouvez-vous me passer ... s'il vous plaît ?»
- ... du darum bitten willst, dass jemandem **etwas ausgerichtet** wird?
  « Dites à M. Martin, s'il vous plaît, que ... »
  « Pouvez-vous dire à M. Martin ... »
  « Saluez M. Martin de ma part. »
- ... du dich **verwählt** hast?
  « Oh, excusez-moi. J'ai fait un faux numéro. »

- … du darum bitten willst, dass dein Gesprächspartner das Gesagte **wiederholt?**
  « Pouvez-vous répéter cela ? / Pouvez-vous répéter, s'il vous plaît ? /
  Excusez-moi, je n'ai pas bien entendu, voulez-vous répéter, s'il vous plaît ? /
  Pardon, je n'ai pas bien compris, voulez-vous répéter, s'il vous plaît ? »
- … du darum bitten willst, dass dein Gesprächstpartner **lauter/langsamer** spricht?
  « Pouvez-vous parler plus haut/plus lentement, s'il vous plaît ? »
- … du darum bitten willst, dass dein Gesprächstpartner etwas **buchstabiert?**
  « Pouvez-vous (voulez-vous) épeler, s'il vous plaît ? »
- … du darum bitten willst, dass dein Gesprächspartner (einen Moment) **wartet?**
  « Attendez une seconde/un moment, s'il vous plaît. »
  « Ne quittez pas, … »
- … du dich **verabschiedest?**
  « Au revoir. »
  « A bientôt. »

Beispiel für ein **Gespräch mit einem Freund/einer Freundin:**
- Allô ? Ici Laurélie/C'est Laurélie.
- Ah, bonjour, Laurélie. (Comment) Ça va ?
- Merci bien. Et toi ?
  (…)
- Oh, je dois faire mes devoirs maintenant. Je te quitte, à bientôt/à demain.

*oder:*
- Allô ? Ici Laurélie. Je peux parler à Roger ?
- Roger ? Je ne connais pas de Roger.
- Oh, excusez-moi, madame. J'ai fait un faux numéro.
- Ce n'est rien.

Beispiel für ein **Gespräch mit einer Firma/einem Amt etc.:**
- Bonjour, madame/monsieur. Je voudrais parler à monsieur Delmond, s'il vous plaît. / Pourriez-vous me passer monsieur Delmond, s'il vous plaît ?
- C'est de la part de qui ?
- De Laurélie Delmond.
- Ne quittez pas, je vous le passe.
- Merci.

Aufgabe 71

a) Du rufst deine Freundin Martine an und fragst sie, ob sie die Deutschhausaufgaben zusammen mit dir macht. Schreibe den Telefondialog auf.

b) Dein Vater arbeitet bei der FNAC, einem großen Einkaufszentrum für Bücher, CDs, Zeitungen etc. Du möchtest ihn sprechen und bittest darum, mit ihm verbunden zu werden. Schreibe den Telefondialog auf.

# … rund um den Satz

## 8 Der Relativsatz mit *qui, que* und *où* – *La phrase relative avec qui, que et où*

Relativsätze sind Nebensätze, die durch ein **Relativpronomen** *(qui, que, où)* eingeleitet werden. Mit einem Relativsatz kannst du ein **Nomen** des Hauptsatzes **näher bestimmen**.

*Beispiele:* Voilà la fille qui a acheté le chien.
Voilà le monsieur que j'ai vu hier.
Voilà la rue où habite Michel.

**Wann verwendest du welches Relativpronomen?**

- ***qui*** ist **immer Subjekt** des Relativsatzes. Du fragst danach mit „wer oder was?"

  *Beispiel:* Voilà la fille qui a acheté le chien

  Das Relativpronomen *qui* bezieht sich auf *la fille*. Du fragst: „Wer oder was hat den Hund gekauft?" Antwort: *la fille*. *qui* ist hier also Subjekt des Relativsatzes.

- ***que*** ist **immer Objekt** des Relativsatzes. Du fragst danach mit „wen oder was?"

  *Beispiel:* Voilà le monsieur que j'ai vu hier.

  Das Relativpronomen *que* bezieht sich auf *le monsieur*. Du fragst: „Wen habe ich gestern gesehen?" Antwort: *le monsieur*. *que* ist also (direktes) Objekt des Relativsatzes.

  *que* wird vor Vokal oder stummem *h* zu *qu'* verkürzt.

  *Beispiel:* Voilà le monsieur qu'Hélène a vu.

- ***où*** leitet einen Relativsatz ein, der eine **örtliche** (oder seltener **zeitliche**) **Angabe** enthält.

  *Beispiele:* Voilá la rue où habite Michel.
  L'accident s'est passé le jour où je suis arrivé.

Steht beim Verb eine **Präposition**, so taucht diese beim Relativpronomen wieder auf.

*Beispiele:* Voilà le docteur chez qui je travaille. (travailler chez qn)
Mme Leblanc est la dame pour qui je vais au marché le mardi.
(aller au marché pour qn)

**Aufgabe 72** Bei einem Austausch in Frankreich triffst du Lin, eine Schülerin aus Vietnam, die einige französische Wörter nicht kennt. Du erklärst sie ihr.
Finde die richtigen Enden zu den Satzanfängen.

(1) Un stylo, c'est un instrument …
(2) Un professeur, c'est une personne …
(3) Une *piscine, c'est un endroit …
(4) Un programmeur, c'est une personne …
(5) Une mère, c'est une femme …
(6) Une souris, c'est un animal …
(7) Une pharmacie, c'est un magasin …
(8) Le pain, c'est une chose …
(9) Paris, c'est une ville …
(10) Le fauteuil, c'est un meuble …

(a) où vont beaucoup de touristes.
(b) qui travaille avec l'ordinateur.
(c) où on va pour acheter des médicaments.
(d) qui travaille à l'école.
(e) qu'on achète dans une boulangerie.
(f) qu'on trouve dans la salle de séjour.
(g) qu'on prend pour écrire.
(h) qui a un fils ou une fille.
(i) qui est petit et gris.
(j) où on peut nager et jouer dans l'eau.

**Aufgabe 73** Die Polizei in Bordeaux hat einen Tipp bekommen, dass ein Bankraub durchgeführt werden soll. Natürlich wird die Bank nun beobachtet. Hier ist der Bericht des Polizisten, der über Funk an seine Kollegen weitergibt, was er sieht. Füge *qui, que* oder *où* in die Lücken ein.

« Salut Bertrand. Je suis maintenant dans la rue ________________[1] se trouve la banque. J'entre dans la maison ________________[2] se trouve *en face de la banque. J'entre dans l'appartement ________________[3] j'ai *loué pour tout voir. Je regarde maintenant l'entrée. Je vois une femme ________________[4] entre et un homme ________________[5] sort de la banque. La femme regarde l'homme et il sourit. L'homme porte un sac ________________[6] il donne à la femme. C'est un grand sac _______________[7] est gris. Mais la femme _______________[8] a pris le sac n'entre pas, elle retourne à la voiture _______________[9] elle a *garée devant la banque et elle part très vite. Et l'homme ? Je ne sais pas _______________[10] est l'homme ! Il est parti. Ah non, je le vois. C'est l'homme _______________[11] porte maintenant des lunettes de soleil et _______________[12] descend vite la rue. »

**Aufgabe 74** In Paris gibt es viele bekannte Cafés. In manchen haben schon einige berühmte Schriftsteller ihren Kaffee getrunken und Zeitung gelesen. Eines dieser Cafés ist das Café *Le Fumoir*, in der Nähe vom *musée du Louvre*. Muriel geht mit ihrer Mutter hin. Die Mutter erklärt ihr alles.
Verbinde die Sätze und verwende dabei Relativpronomen.

a) Voilà le café. Les garçons portent des vêtements très élégants.
Voilà le café où les garçons portent des vêtements très élégants.

b) Voilà une *actrice. Elle fume une cigarette.
_______________________________________________.

c) Voilà un monsieur. Le garçon ne l'a pas vu.
_______________________________________________.

d) Je vois une mère avec son enfant. Ils mangent des croissants.
_______________________________________________.

e) Voilà une table. Beaucoup d'*écrivains ont déjà été assis à cette table.
_______________________________________________.

f) Regarde cette chaise bleue. Ton père l'aime beaucoup.
_______________________________________________.

g) Là-bas, il y a les journaux. Tout le monde ici peut les lire.
_______________________________________________.

h) En arrière il y a même une petite librairie. Les gens l'aiment beaucoup.
_______________________________________________.

i) Dans cette librairie, il y a des milliers de livres. Ils intéressent beaucoup de gens.

______________________________

______________________________.

j) Regarde ce garçon. Il apporte un café au lait pour toi.

______________________________

______________________________.

k) C'est un café excellent. Les croissants sont meilleurs que dans le café à côté.

______________________________

______________________________.

l) Aujourd'hui il y a toujours des *cercles littéraires. Ils se rencontrent dans ce café tous les mardis.

______________________________.

m) Papa va souvent dans ce café. Il peut bien travailler ici.

______________________________.

n) Regarde les photos aux murs. Elles montrent des *écrivains et des chanteurs.

______________________________.

o) Là-bas tu vois le barman. Il travaille ici depuis trente ans.

______________________________.

p) La dame sur cette photo est Edith Piaf, la chanteuse. Ton grand-père l'a rencontrée à Paris en 1935.

______________________________.

# 9 Hervorhebung mit *c'est … qui, c'est … que* – *La mise en relief avec c'est … qui, c'est … que*

Wenn du im Französischen einzelne Satzglieder betonen willst, verwendest du *c'est … qui/c'est … que* oder *ce sont … qui/ce sont … que.*

**Wann verwendest du *c'est*, wann *ce sont*?**
Steht das hervorzuhebende Wort im **Singular**, dann verwendest du ***c'est***, steht es im **Plural**, verwendest du ***ce sont***.

*Beispiele:* Est-ce que Monique a acheté les fleurs ?
Mais non, c'est papa qui a acheté les fleurs.
Mais non, ce sont Laurent et Ahmed qui ont acheté les fleurs.

**Wann verwendest du *c'est … qui*, wann *c'est … que*?**

- Zur Hervorhebung des **Subjekts** (Frage: „wer oder was?") verwendest du ***c'est … qui***.
- Zur Hervorhebung des direkten oder des indirekten **Objekts** (Frage: „wen oder was?", „wem?") oder einer **adverbialen Bestimmung** verwendest du ***c'est … que***.

*Beispiele:* Est-ce que Monique a acheté les fleurs samedi ?
Non, c'est papa qui a acheté les fleurs. (Hervorhebung des Subjekts *papa.*)
Non, c'est la baguette que Monique a achetée. (Hervorhebung des Objekts *la baguette.*)
Non, c'est lundi qu'elle a acheté les fleurs. (Hervorhebung der adverbialen Bestimmung *samedi.*)

**Aufgabe 75** Sandrine hat einen Brief bekommen. Natalie, ihre Freundin, ist sehr neugierig und will alles darüber wissen. Sandrine ist seltsam wortkarg …
Setze *qui* oder *que* in die Lücken ein.

a) C'est une lettre d'amour que tu caches dans ton sac ? – Oui.
b) C'est un garçon gentil ________ t'a envoyé la lettre ? – Oui.
c) C'est Marcel ________ t'a donné la lettre ? – Non.
d) C'est un garçon ________ tu aimes ? – Oui.
e) C'est un garçon ________ je connais bien ? – Oui.
f) C'est un garçon avec ________ tu as déjà parlé ? – Oui.
g) C'est un garçon ________ nous avons rencontré hier soir ? – Non.
h) C'est un garçon ________ est dans notre classe ? – Non.
i) C'est mon frère ________ a écrit la lettre ?
– Oui. *Laisse-moi tranquille maintenant.
– Mais écoute, il est bête !

Aufgabe 76 Sandrines Mutter stellt ihr viele Fragen.
Bilde die Fragen mit *c'est … qui/c'est … que, ce sont … qui/ce sont … que.*

a) … ton professeur de maths … ? – Non, Pauline m'a téléphoné.
C'est ton professeur de maths qui a téléphoné ?

b) … papa … ? – Non, Luc a acheté la limonade.

c) … tes souris … ? – Non, papa a mangé la baguette.

d) … tes cahiers … ? – Non, papa a mis les cahiers de Luc à la *poubelle.

e) … tes vêtements … ? – Non, le bébé a jeté les vêtements de grand-mère par terre.

__________ le bébé a jetés par terre ?

f) … ta montre … ? – Non, la montre de Luc est cassée.

g) … tes chaussures … ? – Non, les chaussures de papa sont sales.

h) … le gâteau au chocolat … ? – Non, moi j'ai préparé le gâteau au citron. Grand-mère a préparé le gâteau au chocolat.

i) … Luc … ? Non, grand-mère a rangé la cuisine.

j) … papa … ? Non, moi j'ai fait une promenade avec le chien.

k) … ta musique … ? Non, papa n'aime pas la musique de Luc !

ufgabe 77* **Knobelaufgabe:** Luc und Sandrine wohnen in Paris. Ins Nachbarhaus zieht eine Familie. Die beiden schauen aus dem Fenster und sehen dem Umzug zu. Übersetze ins Französische, was sie sagen. Verwende dabei Relativsätze.

a) Da ist die Familie, die jetzt nebenan wohnt.

______________________________________

b) Schau mal den Papagei *(le perroquet)* an, den das Kind aus dem Auto holt.

______________________________________

c) Da ist auch *(voilà)* eine Maus, die Baguette frisst *(manger)*.

______________________________________

d) Der Mann, der den Karton trägt, ist M. Leluc.

______________________________________

e) Die Frau, die mit Jean-Paul spricht, ist Mme Leluc.

______________________________________

f) Wer ist das Mädchen, das ich neben dem Auto sehe?

______________________________________

g) Das ist Lucile Leluc, die auch 13 Jahre alt ist, wie wir.

______________________________________

h) Siehst du den Karton, in dem die Gitarre *(une guitare)* ist *(se trouver)*?

______________________________________

i) Ja. Lucile ist diejenige, die Gitarre spielt.

______________________________________

j) Komm. Wir schauen uns das Schlafzimmer an, wo Lucile bald schlafen und arbeiten wird.

______________________________________

k) Ich suche Mama, die bestimmt *(sûrement)* den Nachbarn helfen will.

______________________________________

l) Ich habe Bonbons, die wir dort *(là-bas)* essen können.

______________________________________

## 10 Die Inversionsfrage – *La phrase interrogative avec inversion*

Neben der Frage mit *est-ce que* und der Intonationsfrage gibt es im Französischen auch die so genannte Inversionsfrage *(la phrase interrogative avec inversion)*.

*Beispiele:* Est-ce que tu dors? (*est-ce que*-Frage)
Tu dors? (Intonationsfrage)
Dors-tu? (Inversionsfrage)

### Wann verwendest du die Inversionsfrage?

Wenn das **Subjekt** eines Fragesatzes **ein Personalpronomen** ist, kann man eine Inversionsfrage bilden. Die Inversionsfrage wird vor allem in der Schriftsprache verwendet.

**Beachte:** Die Inversionsfrage wird aber in der 1. Person Singular (*je*) nur selten verwendet. Meist bildet man stattdessen eine *est-ce que*- oder eine Intonationsfrage.

*Beispiel:* Est-ce que je vais au cinéma? (*est-ce que*-Frage)
Je vais au cinéma? (Intonationsfrage)

### Wie bildest du die Inversionsfrage?

Die Inversionsfrage bildest du, indem du das Subjekt hinter das Verb stellst und mit Bindestrich anschließt.

*Beispiele:* Vous travaillez? → Travaillez-vous?
Quand est-ce que vous venez? → Quand venez-vous?

**Beachte:**

- In der 3. Person Singular wird zwischen Verb und Subjektpronomen ein *t* eingefügt, wenn die Verbform auf *-a* oder *-e* endet:

  *Beispiele:* Dort-il? *aber:* Où va-t-elle?
  Habites-tu à Paris? *aber:* Habite-t-elle à Paris?

- *en* und *y* stehen wie im Aussagesatz vor der konjugierten Verbform oder vor dem Infinitiv, auf den sie sich beziehen.

  *Beispiele:* On va à Nogent. Y a-t-il un hôtel?
  Sophie a un problème. Veut-elle en parler avec moi?

Aufgabe 78 Ein Musikgeschäft in Paris hat den Fußballer Thierry Henry für eine Autogrammstunde engagiert. Der Personalleiter M. Duval empfängt ihn. Seine Sekretärin, Mme Tussin, ist sehr aufgeregt, da sie ein Fan des Fußballers ist. Sie versteht alles falsch und muss bei allem nachfragen.
Stelle zu den Aussagen des Personalleiters die Fragen von Mme Tussin. Bilde jeweils eine Intonationsfrage, eine *est-ce que*-Frage und eine Inversionsfrage.

a) (La porte s'ouvre.) M. DUVAL : Il vient.
MME TUSSIN : Il vient ?
Est-ce qu'il vient ?
Vient-il ?

b) M. DUVAL : Nous recevons M. Henry dans mon bureau.
MME TUSSIN : ______ dans votre bureau ?
______ dans votre bureau ?
______ dans votre bureau ?

c) M. DUVAL : (Mireille et Jacques,) vous offrez un apéritif à M. Henry.
MME TUSSIN : ______ ?
______ ?
______ ?

d) M. DUVAL : (Voilà Monique et Hélène.) Elles préparent les *autographes.
MME TUSSIN : ______ pour lui ?
______ pour lui ?
______ pour lui ?

e) M. DUVAL : (Chantal,) tu apportes quelque chose à manger pour M. Henry.
MME TUSSIN : ______ pour lui ?
______ pour lui ?
______ pour lui ?

f) M. DUVAL : (Voilà Jacques et Ludovic.) Ils portent votre sac, M. Henry.
MME TUSSIN : ________________________________ son sac ?
________________________________ son sac ?
________________________________ son sac ?

g) M. DUVAL (à Mme Tussin) : Il aime notre magasin.
MME TUSSIN : ________________________________ ?
________________________________ ?
________________________________ ?

h) M. DUVAL : (Oh, les vendeuses !). Elles sont déjà amoureuses de lui !
MME TUSSIN : ________________________________ ?
________________________________ ?
________________________________ ?

i) M. DUVAL : On fait un petit tour pour vous montrer le magasin, M. Henry.
MME TUSSIN : ________________________ lui montrer le magasin ?
________________________ lui montrer le magasin ?
________________________ lui montrer le magasin ?

j) M. DUVAL : Vous pouvez vous asseoir ici pour donner les autographes, M. Henry.
MME TUSSIN : Il ________________________________ ?
________________________________ ?
________________________________ ?

**Aufgabe 79** Béatrice ist eine Bekannte von M. Duval. Als sie hört, dass Thierry Henry nach Paris kommt, will sie alles darüber von M. Duval hören.
Forme die Fragen um in Inversionsfragen.

a) BÉATRICE : Est-ce qu'il reste longtemps à Paris ?
Reste-t-il longtemps à Paris ? – Non, juste deux jours.

b) – Est-ce qu'il retourne en Angleterre après ?
________________________________ ?
– Oui, il doit jouer au foot.

c) – Est-ce qu'il a une petite amie ?

______________________________ ?

– Ecoute, je ne sais pas !

d) – Est-ce qu'il a déjà téléphoné ?

______________________________ ?

– Oui, trois fois.

e) – Est-ce qu'il vient seul ?

______________________________ ?

– Non, il vient avec sa mère.

f) – Est-ce qu'ils s'entendent bien, mère et fils ?

______________________________ ?

– Oui, je pense.

g) – Est-ce que vous pouvez me donner son numéro de téléphone ?

______________________________ ?

– Non, ça ne va pas !

h) – (Je suis à Paris avec Nadine.) Est-ce que nous pouvons rencontrer Thierry Henry ?

______________________________ ?

– Oui, je vais arranger cela.

i) – Super, est-ce que nous allons avoir un autographe alors ?

______________________________ ?

– Bien sûr. Mais je dois travailler maintenant.

**Aufgabe 80** Catherines Familie hat ein Au-pair-Mädchen aus Deutschland, das bei ihnen Französisch lernen will. Catherines Großmutter will nun alles über Anja, das deutsche Mädchen, wissen.
Stelle die Fragen der Großmutter. Verwende Inversionsfragen.

Die Großmutter möchte wissen, …

a) … ob Anja Französisch spricht. Parle-t-elle français ?

b) … ob sie intelligent ist. ____________________ ?

c) … ob sie aus Berlin kommt. ____________________ ?

d) … ob sie hübsch ist. ______________________________ ?

e) … ob sie immer Sauerkraut isst. ______________________________
______________________ la choucroute
tout le temps ?

f) … ob sie Brüder und Schwestern hat. ______________________________ ?

g) … ob sie oft ins Kino geht. ______________________________ ?

h) … ob sie ein Auto hat. ______________________________ ?

i) … ob sie Musik mag. ______________________________ ?

# 11 Indirekte Rede und indirekte Frage – *Le discours indirect et l'interrogation indirecte*

Indirekte Rede *(le discours indirect)* und indirekte Frage *(interrogation indirecte)* sind wie direkte Rede und direkte Frage eine Form der **Redeerwähnung:** Innerhalb einer Äußerung wird eine andere Äußerung erwähnt.

### Wann verwendest du indirekte Rede und indirekte Frage?

Wenn du wiedergeben willst, was jemand gesagt oder gefragt hat, verwendest du die indirekte Rede bzw. die indirekte Frage.

| | | |
|---|---|---|
| *Beispiel:* | Monique : « Je travaille. » | (direkte Rede) |
| | Monique dit qu'elle travaille. | (indirekte Rede) |

### Wie bildest du die indirekte Rede?

Die **indirekte Rede** bildest du aus einem **einleitenden Verb** wie *dire, raconter, répondre* und einem ***que*-Satz**.

| | | |
|---|---|---|
| *Beispiel:* | André : « Je vais t'écrire. » | (direkte Rede) |
| | André dit qu'il va m'écrire. | (indirekte Rede) |

Wenn ein Satz von der direkten in die indirekte Rede umgeformt wird, muss man die **Pronomen**, das **Verb** und die **Possessivbegleiter** an die neue Sprechsituation **anpassen**. Die Regeln dazu findest du auf der folgenden Seite.

**Beachte:**

- *que* wird vor Vokal und stummem *h* zu *qu'* verkürzt.
- Merke dir folgende Verben, die häufig die indirekte Rede einleiten: *avouer, dire, écrire, expliquer, montrer, oublier, penser, raconter, répéter, répondre, savoir, trouver, voir.*

### Wie bildest du die indirekte Frage?

Die **indirekte Frage** bildest du aus einem **Verb des Fragens** und einem **Fragesatz**.
Der Fragesatz wird durch eine Konjunktion eingeleitet, und zwar

- mit *si* (deutsch: *ob*), wenn die Frage eine Entscheidungsfrage war.

| | | |
|---|---|---|
| *Beispiel:* | Nadine: « Vous aimez le sport ? » | (Entscheidungsfrage; direkte Frage) |
| | Nadine demande si nous aimons le sport. | (indirekte Frage) |

- mit dem Fragewort, das auch in der direkten Frage verwendet wurde.

| | | |
|---|---|---|
| *Beispiel:* | Paul: « Qui achète le gâteau ? » | (Frage mit Fragewort; direkte Frage) |
| | Paul veut savoir qui achète le gâteau. | (indirekte Frage) |

Enthält die direkte Frage ein *est-ce que*, so entfällt dies in der indirekten Frage.

| | |
|---|---|
| *Beispiel:* | Joachim: « Est-ce que tu vas au cinéma ce soir ? » |
| | Joachim demande si tu vas au cinéma ce soir. |

Wie bei der direkten Rede muss man **Pronomen, Verb** und **Possessivbegleiter** an die neue Sprechsituation **anpassen**. Hierfür gelten die Regeln auf der folgenden Seite.

**Anpassung von Pronomen, Verb und Possessivbegleiter in der indirekten Rede/Frage**
In der indirekten Rede/Frage müssen Pronomen, Verb und Possessivbegleiter wie im Deutschen an den neuen Erzählstandpunkt angepasst werden. In der Regel geschieht dies folgendermaßen:

- **Subjektpronomen:**
  je/tu/il, elle → il, elle
  nous/vous/ils, elles → ils, elles

  Beachte, dass mit dem Subjektpronomen auch die Verbform angepasst werden muss.

  *Beispiel:* Jeanne: «Je prends le bus.»
  Jeanne dit qu'elle prend le bus.

- **direkte Objektpronomen:**
  me/te/le, la → le, la
  nous/vous/les → les

  *Beispiel:* M. Besson à ses amis: «Je vous attends à l'hôtel.»
  M. Besson dit à ses amis qu'il les attend à l'hôtel.

- **indirekte Objektpronomen:**
  me/te/lui → lui
  nous/vous/leur → leur

  *Beispiel:* La mère aux enfants: «Je vous donne la clé.»
  La mère dit aux enfants qu'elle leur donne la clé.

- **Possessivbegleiter:**
  mon, ma/ton, ta/son, sa → son, sa
  notre, nos/votre, vos/leur, leurs → leur, leurs

  *Beispiel:* Yves dit: «Je ne trouve pas mon appareil photo.»
  Yves dit qu'il ne trouve pas son appareil photo.

**Vergleich mit dem Deutschen**

- Im Französischen steht anders als im Deutschen weder in der indirekten Rede noch in der indirekten Frage ein Komma.

  *Beispiel:* Jeanne dit qu'elle prend le bus.
  *Jeanne sagt, dass sie den Bus nimmt.*

- Anders als im Deutschen ist die Wortstellung im Französischen in der indirekten Rede/Frage dieselbe wie in der direkten Rede/Frage.

  *Beispiel:* Yves: «Je cherche mon appareil photo.»
  Yves dit qu'il cherche son appareil photo.
  *Yves: „Ich suche meinen Fotoapparat."*
  *Yves sagt, dass er seinen Fotoapparat sucht.*

Aufgabe 81 Der Bürgermeister *(le maire)* von Rennes, der größten Stadt der Bretagne, lädt jedes Jahr neu zugezogene Familien zum Neujahrsempfang ein. Dieses Jahr ist es die Familie Nörgler, les *Râleur*, die an allem etwas auszusetzen hat. Berichte in der indirekten Rede, was M. Râleur sagt.

a) Il n'y a plus de vin.

b) Le maire parle trop longtemps.

c) Les apéritifs sont trop chauds.

d) Le maire ne parle pas avec moi.

e) Sa femme ne sourit jamais.

f) Il n'y a rien à manger.

g) Les sandwichs ne sont pas bons.

h) Il fait froid parce que les fenêtres sont ouvertes.

i) La salle est trop petite pour 50 personnes.

j) Nous ne connaissons personne.

a) M. Râleur dit qu'il n'y a plus de vin.

b) M. Râleur dit ______.

c) ______.

d) ______.

e) ______.

f) ______.

g) ______.

h) ______.

i) ______.

j) ______.

Aufgabe 82 Aurélie ruft ihre Freundin Marie an. Doch die liegt krank im Bett und kann nicht ans Telefon kommen. Also erzählt die Mutter den beiden jeweils, was die andere sagt und fragt. Ergänze, was die Mutter Marie bzw. Aurélie wiedergibt.

a) AURÉLIE : Bonjour Marie.
MÈRE : Aurélie dit bonjour.

b) AURÉLIE : Est-ce que Marie est là ?
MÈRE : Aurélie demande si ______________________.

c) MARIE : Je ne peux pas aller au téléphone. Je suis malade.
MÈRE : Marie dit que ______________________.

d) AURÉLIE : Mais nous allons écrire une *interrogation écrite aujourd'hui.
MÈRE : Aurélie dit que ______________________.

e) MARIE : Je sais. Je reste quand même à la maison.
MÈRE : Marie dit qu'______________ et qu' ______________.

f) AURÉLIE : Je vais le dire au prof.
MÈRE : ______________________.

g) MARIE : C'est gentil. J'ai mal à la tête.
MÈRE : ______________________.

h) AURÉLIE : Tu ne viendras pas à la boum ce soir ?
MÈRE : ______________________.

i) MARIE : De quelle boum est-ce que tu parles ?
MÈRE : ______________________.

j) AURÉLIE : Il y aura une boum chez Fabien ce soir.
MÈRE : ______________________.

k) MARIE : Je vais à l'école. Ça va déjà mieux.
MÈRE : ______________________.

**Aufgabe 83** Koblenz ist Partnerstadt von Nevers. Es finden häufig Besuche zwischen Deutschen und Franzosen statt. Wieder einmal ist eine deutsche Schülergruppe in Nevers angekommen. Alle steigen aus dem Bus. Schüler, Eltern und Lehrer, Deutsche wie Franzosen, alle reden durcheinander. Was sagen sie bzw. was fragen sie?

a) BEATE : « Le voyage a été très long. »
Beate dit que le voyage a été très long. ________

b) LUTZ: J'ai dormi tout le temps.
Lutz dit qu' ________

c) MME DELMOND : Philipp, tu es content d'être enfin arrivé ?
Sandrine demande si Philipp est ________

d) TABEA : Où est ma valise ?
________

e) DOROTHÉE : Demain nous n'aurons pas cours.
________

f) VALÉRIE : Ma mère nous attend dans la voiture.
________

g) HÉLÈNE : Franka, tu as dit « au revoir » à ton prof?
________

h) M. LEROC : J'ai téléphoné à tes parents, Lara.
________

i) BÉRÉNICE : Comment s'appelle ton prof, Tobias ?
________

j) MICHEL : Où est mon père?
________

k) LAURA : Cette place est très belle.
________

l) SASKIA : Je dois chercher le *conducteur du car !
________

m) DANIELA : Je ne veux pas rester !
________

n) JULIA : On va au cinéma ce soir ?

______________________________

o) JULIE : J'ai quatre chiens et deux chats.

______________________________

**Aufgabe 84** Nach ein paar Tagen treffen sich die Schüler alle mit der französischen Lehrerin Mme Sentine. Da sie sehr schnell spricht, versteht Daniel nicht alles. Lucien, sein französischer Partner, wiederholt daher alles noch einmal langsam. Was sagt Lucien, der in der indirekten Rede die Fragen von Mme Sentine für Daniel wiederholt?

Les questions de Mme Sentine :

a) « Vous parlez français ? »
*Mme Sentine demande si vous parlez français.*

b) « Vous avez des problèmes ? »
______________________________.

c) « Comment est-ce que vous allez ? »
______________________________.

d) « Vous aimez les repas ? »
______________________________.

e) « Vos familles sont gentilles ? »
______________________________.

f) « Vous avez un dictionnaire ? »
______________________________.

g) « Vous dormez bien ? »
______________________________.

h) « Qui prépare vos repas ? »
______________________________.

i) « Où est-ce que vous dormez ? »
______________________________.

j) « Combien d'argent est-ce que vous avez ? »
______________________________.

**Aufgabe 85** Martines Großeltern machen Urlaub im Loiretal und besuchen dort die Loireschlösser. Bald kommt ein Brief vom Großvater. Martine liest ihn zuerst, aber ihr Bruder André-Claude will natürlich wissen, was der Opa schreibt.
Lies den Brief des Großvaters und schreibe ihn dann in indirekter Rede auf, so wie ihn Martine ihrem Bruder wiedergibt. Statt *dire* oder *demander* kannst du an passenden Stellen als einleitende Verben auch *écrire, avouer, expliquer* oder *raconter* verwenden.

*Chers tous, Blois, le 5 mai 2004

nous sommes maintenant au pays de la Loire. Nous avons déjà visité beaucoup de *châteaux. Ils sont très beaux et très grands. J'aime surtout Chambord et Blois, deux châteaux magnifiques. À Chambord un monsieur nous a expliqué comment on vivait au *Moyen Age. Vous savez comment ils vivaient? Je vous ai acheté un livre. Dans ce livre on vous explique tout.
Comment est-ce que vous allez? André-Claude est toujours malade? Grand-mère va très bien. Elle préfère les châteaux d'Amboise et de Chenonceaux. Nous allons les visiter demain.
*Gros bisous, grand-père Pierre

Grand-père écrit qu'ils sont maintenant au pays de la Loire. Il explique qu'ils ont déjà ______________________________

**Aufgabe 86** Die Großeltern sind aus dem Urlaub zurück und erzählen viel. Doch André-Claude und Martine haben fast den Eindruck, die beiden hätten gar nicht gemeinsam Urlaub gemacht, so unterschiedlich sind die Berichte.
Schau dir die unterschiedlichen Berichte an und gebe dann wieder, was Großvater und Großmutter von ein und derselben Sache erzählen.

| | Grand-père | Grand-mère |
|---|---|---|
| a) | « Il a toujours fait très beau. » | « Il y a eu beaucoup de pluie. » |
| b) | « J'aime tous les châteaux. » | « Amboise et Chenonceaux sont beaux, je n'aime pas le reste. » |
| c) | « Les hôtels sont très confortables. » | « Quelques hôtels sont vieux et trop chers. » |
| d) | « Les restaurants dans le pays de la Loire sont magnifiques. » | « Nous avons souvent mangé des sandwichs parce que les restaurants étaient trop chers. » |
| e) | « Les vacances sont toujours trop courtes. » | « Je suis contente d'être à la maison. » |

a) Grand-père dit qu'il a toujours fait très beau.
Grand-mère dit qu'______________________________.

b) Grand-père dit ______________________________.
Grand-mère dit ______________________________.

c) ______________________________.
______________________________.

d) ______________________________.
______________________________.

e) ______________________________.
______________________________.

## 12 *ce qui* und *ce que*

**Wann verwendest du *ce qui* und *ce que*?**
In der indirekten Frage gibt man wieder, was eine andere Person gefragt hat. Bei Fragen nach Personen verwendet man in der indirekten Frage *qui* (siehe S. 99).Wenn es sich um eine **Frage nach Sachen** handelt, so verwendet man ***ce qui*** oder ***ce que:***

- ***ce qui*** verwendest du als **Subjekt** (Frage: „wer oder was?").
  *Beispiel:* « Qu'est-ce qui se passe? » (direkte Frage)
  Lucile demande ce qui se passe. (indirekte Frage)
- ***ce que*** verwendest du als **Objekt** (Frage: „wen oder was?").
  *Beispiel:* « Qu'est-ce que Pierre fait? » (direkte Frage)
  Lucile demande ce que Pierre fait. (indirekte Frage)

Vor vokalisch anlautenden Wörtern wird *ce que* zu *ce qu'* verkürzt, *ce qui* wird nie verändert.

*Beispiel:* « Qu'est-ce qu'il fait? » (direkte Frage)
Lucile demande ce qu'il fait. (indirekte Frage)

- ***ce qui*** und ***ce que*** werden auch **als Relativpronomen** verwendet und zwar dann, wenn wir im Deutschen das Relativpronomen „was" verwenden. Auch hier ist *ce qui* Subjekt und *ce que* Objekt.
  *Beispiele:* Isabelle a vu ce qui s'est passé.
  *Isabelle hat gesehen, was passiert ist. („wer oder was?")*
  Marc explique ce que tu as fait hier.
  *Marc erklärt, was du gestern gemacht hast. („wen oder was?")*

**Aufgabe 87** Abbé Pierre ist ein in Frankreich sehr bekannter Mann. Er gründete 1949 die erste *communauté Emmaüs*, von denen es heute mehr als 300 gibt. Diese Gemeinschaften helfen Obdachlosen, indem sie ihnen Arbeit geben. Die ehemaligen Obdachlosen recyceln Papier und Metall, restaurieren Möbel oder richten alte Kleider. Berühmt wurde Abbé Pierre, als er im besonders kalten Winter des Jahres 1954 eine Radioansprache hielt und die Franzosen zur Solidarität mit den Obdachlosen aufrief, von denen einige schon erfroren waren. Die Franzosen halfen engagiert und großzügig.
Du besuchst mit deiner französischen Brieffreundin ein Radiostudio, in dem gerade Abbé Pierre interviewt wird. Der Interviewer spricht sehr schnell, daher wiederholt deine Freundin die Fragen für dich.

a) « Qu'est-ce qui s'est passé en 1954 ? »
*Le journaliste demande ce qui s'est passé en 1954*.

b) « Qu'est-ce que les journalistes de la radio ont dit quand vous êtes arrivé pour vous *adresser à la France ? »
Le journaliste veut savoir ________ les journalistes de la radio ont dit quand l'Abbé Pierre est arrivé pour s'adresser à la France.

c) « Qu'est-ce que les gens ont donné aux *pauvres en 1954 ? »
Le journaliste demande ________ les gens ont donné aux pauvres en 1954.

d) « Qui est-ce qui vous a aidé le plus en 1954 : les gens pauvres ou les gens riches ? »
Le journaliste demande ________ l'a aidé ________
________.

e) « Qu'est-ce que vous vendez à la *communauté d'Emmaüs ? »
Le journaliste veut savoir ________
________.

f) « Qui est-ce qui vous a aidé à organiser Emmaüs ? »
Le journaliste demande ________
________.

g) « Qu'est-ce que vous avez fait en 1994 ? »
Le journaliste veut savoir ________ vous avez fait en 1994.

h) « Qu'est-ce qui vous intéresse dans votre vie privée ? »
Le journaliste demande ________
________.

i) « Qu'est-ce que vous proposez aux jeunes d'aujourd'hui pour avoir une bonne vie ? »
Le journaliste demande ________
________.

j) « Qu'est-ce qui a été le moment le plus important dans votre vie ? »
Le journaliste demande ________
________.

Aufgabe 88 Stéphanes Eltern wollen sich scheiden lassen. Seine Mutter bleibt in Paris, der Vater will nach Lyon ziehen. Stéphane muss sich entscheiden, bei wem er bleiben möchte. Er stellt sich viele Fragen.
Forme die direkten in indirekte Fragen um. Denke daran, dass die indirekten Fragen in der 3. Person sind, du also Pronomen und Verben ändern musst.

a) Qu'est-ce qui se passe ?
Stéphane se demande ce qui se passe ______.

b) Qu'est-ce que je vais faire maintenant ?
Stéphane se demande ______.

c) Qui est-ce que je vais voir le week-end ?
______.

d) Qui sera avec moi pendant la semaine ?
______.

e) Qu'est-ce que je raconterai à mes amis ?
______.

f) Qu'est-ce qui m'intéresse le plus, la vie avec papa ou la vie avec maman ?
______.

g) Qui est-ce qui me donnera mon argent de poche ?
______.

h) Qu'est-ce que je vais faire avec mon chien ?
______.

i) Qu'est-ce que ma sœur va faire ?
______.

j) Qu'est-ce que je vais dire à papa pour expliquer que je veux vivre avec maman ?
______.

Aufgabe 89* Abbé Pierre berichtet einem Journalisten von seiner Arbeit.
Übersetze die deutschen Sätze ins Französische und verwende dabei *ce qui/ce que* als Relativpronomen.

a) Abbé Pierre erklärt, was 1954 passiert *(se passer)* ist.

________________________________________

b) Abbé Pierre erklärt, was die Leute von *(de)* Emmaüs machen.

________________________________________

c) Abbé Pierre erzählt, was ihm in seinem Leben am meisten geholfen hat.

________________________________________

d) Der Journalist erklärt, was ihn interessiert.

________________________________________

e) Abbé Pierre erzählt, was die Franzosen den Armen gegeben haben *(donner quelque chose à quelqu'un)*.

________________________________________

f) Abbé Pierre erklärt, was er 1954 den Leuten gesagt hat *(dire quelque chose à quelqu'un)*.

________________________________________

g) Abbé Pierre erzählt, was er heute macht.

________________________________________

h) Abbé Pierre erklärt, was er macht, wenn *(quand)* die Leute Arbeit *(du travail)* suchen.

________________________________________

i) Der Journalist fragt, was Abbé Pierre in seiner Freizeit *(le libre temps)* macht.

________________________________________

j) Abbé Pierre erzählt, was er den Arbeitslosen *(le chômeur)* anbietet *(proposer qc à qn)* sind.

________________________________________

k) Abbé Pierre erzählt, was er gedacht und getan hat, als er ein junger Mann war.

________________________________________

# 13 Fragen mit *qui est-ce qui, qui est-ce que, qu'est-ce qui, qu'est-ce que*

Satzteilfragen sind Fragen mit Fragewort, die nach einem bestimmten Teil des Satzes fragen. Zu ihnen zählen auch die Fragen mit *qui* oder *que*. Es gibt bei der Fragestellung mit *qui* oder *que* vier Fragetypen.

*Beispiele:* Qui (est-ce qui) va au cinéma? Qu'est-ce qui se passe?
Qui est-ce que tu connais? Qu'est-ce que tu fais?

**Wann verwendest du welchen Fragetyp?**

- Mit ***qui est-ce qui*** und ***qui est-ce que*** fragst du nach **Personen:**
  - Mit *qui est-ce qui* fragst du nach dem Subjekt („wer oder was?").
    *Beispiel:* Qui est-ce qui a mangé tout le gâteau?
  - Mit *qui est-ce que* fragst du nach dem direkten Objekt („wen oder was?")
    *Beispiel:* Qui est-ce que tu as vu dans la rue?
- Mit ***qu'est-ce qui*** und ***qu'est-ce que*** fragst du nach **Sachen:**
  - Mit *qu'est-ce qui* fragst du nach dem Subjekt („wer oder was?").
    *Beispiel:* Qu'est-ce qui te manque?
  - Mit *qu'est-ce que* fragst du nach dem direkten Objekt („wen oder was?").
    *Beispiel:* Qu'est-ce que tu as acheté?

Mithilfe dieser schematischen Darstellung kannst du dir das leicht merken:

| Frage nach … | | | | Frage nach … |
|---|---|---|---|---|
| Person | *Qui* | est-ce | *qui* | Subjekt („wer oder was?) |
| Sache | *Qu'* | est-ce | *que* | dir. Objekt („wen oder was?") |

**Aufgabe 90** Vervollständige die Lücken mit dem richtigen Fragetyp. Kannst du einige der Fragen auch richtig beantworten?

a) ______ est-ce qui a gagné la coupe du monde en 1998?

b) ______ est-ce que c'est, une aubergine?

c) ______ est-ce qui a chanté « Je ne regrette rien », Edith Piaf ou Jacques Brel?

d) ______ est-ce qui intéressait Claude Monet, la littérature ou la *peinture?

e) ______ est-ce que Napoléon a *épousé, Joséphine ou Jeanne d'Arc?

f) ______ est-ce qui est le druide chez Astérix et Obélix?

g) ______ est-ce qui n'est pas un comédien, Pierre Richard, Jean Paul Belmondo ou Jacques Chirac?

**Aufgabe 91** Schaue dir folgende Bildergeschichte an. Sie zeigt eine typische Situation in Martines Familie. Dann lies die zu den Bildern passenden Fragen und überlege, ob nach einer Person *(= qui)* oder nach einer Sache *(= que)* gefragt wird.

« Nous allons au théâtre. Martine, fais la vaisselle, s'il te plaît. »

André : « Je vais faire mes devoirs. La vaisselle, c'est pour toi. »

« André, c'est pour toi ! »

« Un match de foot demain? Je vais faire la vaisselle aujourd'hui et demain je pourrai voir le match. »

a) Qui est-ce qui sort ? – Les parents.
b) _____ est-ce que les parents vont faire ? – Ils vont aller au théâtre.
c) _____ est-ce qui a fait la vaisselle hier ? – André.
d) _____ est-ce qui doit faire la vaisselle aujourd'hui ? – Martine.
e) _____ est-ce que Martine fait ? – Elle regarde la télé.
f) _____ est-ce qu'on voit dans la porte ? – André.
g) _____ est-ce que André va faire ? Ses devoirs.
h) _____ est-ce qui est au téléphone ? – Martine.
i) _____ est-ce que Martine appelle ? – André.
j) _____ est-ce qu'il y aura demain ? – Un match de football.
k) _____ est-ce qu'André va faire aujourd'hui ? – La vaisselle.
l) _____ est-ce que André pourra voir demain ? – Le match.
m) _____ est-ce qui n'intéresse pas André ? – Le tennis.

Aufgabe 92 Lies folgenden Psychotest durch, ergänze die Fragestellung und beantworte den Test für dich. Zähle anschließend, welchen Buchstaben du am häufigsten angekreuzt hast. Unter der Übung steht das Ergebnis.

### Est-ce que tu es un bon ami ?

❶ Ton ami/e veut aller au cinéma le soir. A la télé il y a ton programme préféré. – Qu'est-ce _que_ tu fais ?

A Je vais au cinéma avec mon ami.
B Je regarde mon programme préféré.
C J'invite mon ami/e à regarder le programme avec moi.

❷ Des copains de ta classe te racontent que ton ami/e a volé de l'argent. Ton ami dit que ce n'est pas vrai. – Qui est-ce _____ dit la vérité ?

A Mon amie. Il/elle dit toujours la vérité.
B Les copains. Ils sont quand-même plusieurs.
C Je ne sais pas. Il faut attendre et chercher des *preuves.

❸ Le prof demande qui va l'aider à préparer un texte sur l'Amérique. Ton ami/e n'aime pas écrire des texes mais il/elle veut une bonne note. – Qui est-ce _____ va aider le prof ?

A Moi et après je donnerai le texte à mon ami/e qui ne sait pas bien écrire des textes.
B Moi. Je veux aussi une bonne note.
C Mon ami/e. Il/elle veut une bonne note, donc il faut profiter de la situation.

❹ Ta mère ne veut pas que tu rencontres ton ami/e parce qu'il/elle fume. – Qu'est-ce _____ tu fais ?

A Je rencontre mon ami. Je ne suis plus un bébé et je choisis moi-même mes copains.
B Je fais ce que veut ma mère.
C Je rencontre mon ami/e et je ne le dis pas à ma mère.

❺ La fille la plus *populaire de ta classe dit que ton pantalon est *ridicule. Ton/ta ami/e aime le pantalon. – Qu'est-ce _____ tu penses ?

A Mon ami/e aime le pantalon, donc je l'aime aussi.
B Je veux être plus populaire aussi, donc je ne porterai plus ce pantalon.
C Les autres ne m'intéressent pas. Je porte ce que je veux.

❻ Un copain veut jouer au foot avec toi mais il ne veut pas jouer avec ton ami/e. Plus tard, ton ami/e demande aussi si tu veux jouer au foot. Qu'est-ce _____ t'intéresse plus ?

A Je vais jouer au foot avec mon ami/e.
B Je vais jouer au foot avec le copain.
C J'invite les deux.

❼ Tu es amoureux/se. La fille/le garçon veut aller à la piscine avec toi cet après-midi. Mais tu es invité/e à l'anniversaire de ton ami/e. – Qu'est-ce _____ est plus important ?

A Ton ami.
B La fille/ le garçon.
C Tu invites la fille/le garçon à l'anniversaire.

- Une majorité de A : Tu es vraiment un bon ami. Mais quelque fois c'est un peu trop. Tu dois aussi penser *à toi-même !
- Une majorité de B : Tu es un peu égoïste. Tu vas peut-être perdre ton ami.
- Une majorité de C : Tu essaies de trouver des *compromis. C'est bien, mais quelquefois il faut se décider.

Aufgabe 93 Martine macht eine Umfrage für ihre Schülerzeitung und will einiges über die Meinungen, das Freizeitverhalten etc. ihrer Mitschülerinnen und Mitschüler herausfinden. Sie erstellt einen Fragebogen, den viele Schüler ausfüllen. Ergänze die Fragen. Beantworte sie dann auch für dich.

a) Qu'est-ce que tu préfères : la musique ou le sport ?

_______________________________________________.

b) _______________ range ta chambre ? Toi ou tes parents ?

_______________________________________________.

c) _______________ t'intéresse à l'école ?

_______________________________________________.

d) _______________ tu préfères au football ? L'Olympique Lyon ou l'AS Monaco ?

_______________________________________________.

e) _______________ tu manges le matin ?

_______________________________________________.

f) ______________ tu vas faire ce week-end ?

________________________________________.

g) ______________ travaille le plus, toi ou ton ami ?

________________________________________.

h) ______________ tu aimes le mieux ? Le volley-ball ou le football ?

________________________________________.

i) ______________ est le plus *sévère ? Ton père ou ta mère ?

________________________________________.

j) ______________ tu invites pour ton anniversaire ? Les amis ou la famille ?

________________________________________.

k) ______________ t'énerve plus ? Les profs ou les parents ?

________________________________________.

l) ______________ tu admires le plus ? Les stars (f) du sport ou les stars de la musique ?

________________________________________.

m) ______________ est le plus *ennuyeux ? L'école ou les devoirs ?

________________________________________.

n) ______________ tu fais après l'école ? Tu fais tes devoirs, tu dors ou tu manges quelque chose ?

________________________________________.

o) ______________ s'intéresse le plus à tes problèmes ? Ta mère ou ton père ?

________________________________________.

p) ______________ tu fais quand tu as une mauvaise note ?

________________________________________.

q) ______________ tu préfères à la télé ? Les films français ou les films américains ?

________________________________________.

r) ______________ tu préfères pour t'*accompagner au cinéma ? Un garçon ou une fille ?

________________________________________.

**Aufgabe 94** Schau dir die folgende Szene im Supermarkt an. Wer sagt was? Ergänze die Fragen und ordne Fragen und Antworten in den Kästen den Personen zu, indem du jeweils die passende Nummer einträgst.

| | |
|---|---|
| 1 | « Est-ce que vous acceptez des chèques ? » |
| | « _____ est-ce que c'est ? » |
| | « Oh, _____ est-ce, là, à la télé ? » |
| | « Mais qu'est-ce _____ tu fais ? » |
| | « Alors, qu'est-ce _____ tu veux ? » |
| | « Oui, bien sûr. Cela fait 55 euros. » |
| | « Je joue avec les pommes. C'est super ! » |
| | « C'est un Camembert de Normandie. » |
| | « Prenons un vin rouge. » |
| | « C'est Sophie Marceau, l'actrice. » |

Aufgabe 95* **Knobelaufgabe:** Youssou N'Dour ist ein bekannter afrikanischer Sänger aus dem Senegal. Das Land war früher französische Kolonie, deshalb ist die offizielle Landessprache dort noch immer Französisch. Die Alltagssprache hingegen ist Wolof. N'Dour singt in seiner Landessprache, aber auch in Französisch und Englisch. Er ist in Frankreich sehr beliebt und hat auch schon in Deutschland Konzerte gegeben.
Hier findest du die Antworten, die Youssou N'Dour bei einem Interview gegeben hat. Stelle die dazugehörigen Fragen.

a) Tu t'appelles comment ? / Comment est-ce que tu t'appelles ?
Je m'appelle Youssou N'Dour.

b) ______________________________ ?
Je viens du Sénégal.

c) ______________________________ ?
J'ai 46 ans.

d) ______________________________ ?
Je suis chanteur.

e) ______________________________ ?
Les gens au Sénégal écoutent ma musique, mais aussi les Français.

f) ______________________________ ?
Non, je chante aussi en anglais et en wolof.

g) ______________________________ ?
Je suis devenu chanteur, parce que j'aime la musique. Je parle aux gens dans ma musique.

h) ______________________________ ?
Mon dernier album s'appelle *Nothing is In Vain*.

i) ______________________________ ?
Au Sénégal on parle français et wolof.

j) ______________________________ ?
La capitale du Sénégal s'appelle Dakar.

k) ______________________________________________?
J'habite à Dakar.

l) ______________________________________________?
A Dakar, les deux grands marchés me plaisent, le Marché Kermel et le Marché Sandaga.

m) ______________________________________________?
Le dimanche je quitte souvent Dakar et je visite les petits villages sénégalais avec les petites maisons traditionnelles.

n) ______________________________________________?
Le Sénégal se trouve dans l'ouest de l'Afrique.

o) ______________________________________________?
Oui. Je vais chanter en France le 10 octobre – à Paris.

p) ______________________________________________?
Oui, il y a encore des tickets pour mon concert.

q) ______________________________________________?
J'aime beaucoup la France, mais je préfère le Sénégal.

r) ______________________________________________?
Oui, je connais aussi l'Allemagne. C'est un très beau pays.

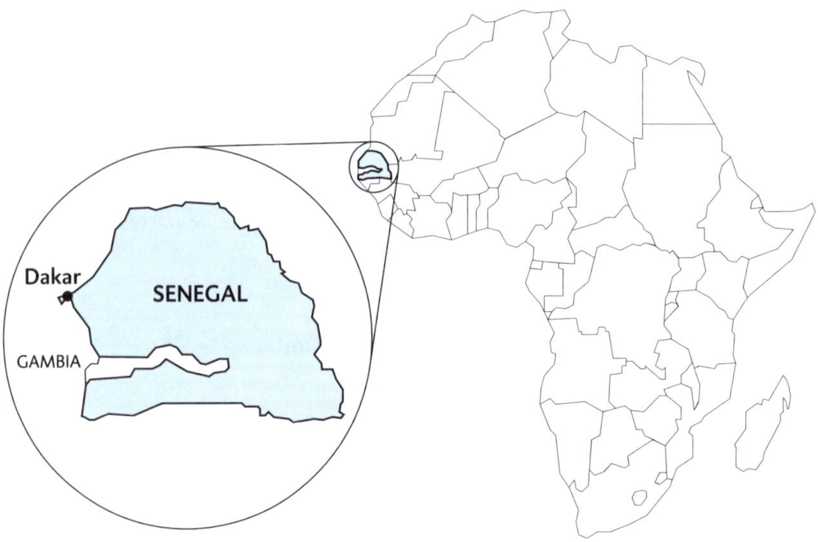

## 14 Konjunktionen – *La conjonction*

Konjunktionen sind unveränderliche Bindewörter, mit denen du zwei Satzteile (*Anne et Michel*) oder auch zwei Sätze (*Anne est dans la cuisine et Michel est dans la salle de séjour*) verbinden kannst. Beispiele:

| | | | | | |
|---|---|---|---|---|---|
| *car* | denn | *mais* | aber | *quand* | als |
| *comme* | da, weil | *ou* | oder | *que* | dass |
| *donc* | also | *parce que* | weil | *si* | wenn/falls *oder* ob |
| *et* | und | *pendant que* | während | | |

Aufgabe 96 Michel aus Calais ist 14 und spielt sehr gut Tennis. Die örtliche Zeitung lädt ihn deshalb ein, sich den Lesern vorzustellen.
Hier nun findest du, was Michel von sich erzählt. Verbinde die Sätze mit den in Klammern angegebenen Konjunktionen.

a) J'aime bien le tennis. J'aime aussi le ping-pong. (et)
*J'aime bien le tennis et j'aime aussi le ping-pong.*

b) Ma mère joue au tennis. Mon père ne joue pas. (mais)
_______________________________________________.

c) Mon grand-père m'a acheté ma première *raquette. J'ai fêté mon 5e anniversaire. (quand)
_______________________________________________.

d) La raquette était très belle. Je jouais beaucoup. (donc)
_______________________________________________.

e) J'apprenais beaucoup. J'avais un bon *entraîneur. (parce que)
_______________________________________________.

f) Mes parents me payaient un professeur *privé. Je jouais chaque jour. (comme)
_______________________________________________.

g) Mon grand-père me ragardait toujours. Je m'entraînais. (pendant que)
_______________________________________________.

h) Quand il y avait un match ma mère m'y conduisait. Mon père prenait le train avec moi. (ou)
_______________________________________________.

i) Le tennis, c'est dur. Je ne sais pas. Mes enfants vont aussi faire du tennis. (donc, si)

______________________________________________.

j) Maintenant je joue moins. Je dois travailler beaucoup pour l'école. (car)

______________________________________________.

Aufgabe 97 Muriel aus Paris hat eine deutsche Freundin, Daniela, mit der sie einmal pro Woche chattet. Hier ist ihr Chat von der ersten Aprilwoche.
Entscheide, welche Konjunktion in welche Lücke passt. Wiederholungen sind möglich.

> Salut Daniela. Comment est-ce que tu vas ? Je n'ai pas pu chatter la semaine dernière car / parce que [1] c'était l'anniversaire de ma mère. On a fait beaucoup de gâteaux, ______________ [2] j'ai aidé. La fête était super ______________ [3] le soir j'étais fatiguée !

> Salut Muriel. Je vais très bien ______________ [4] j'ai eu une bonne note en maths aujourd'hui ! Je t'ai déjà raconté ______________ [5] je ne suis pas très bonne en maths, ______________ [6] c'est super !

> C'est *extra ! Est-ce que tes parents te donnent de l'argent pour une bonne note ______________ [7] est-ce qu'ils ne te donnent rien ?

> Si, si. Mes parents me donnent 2 euros ______________ [8] ma grand-mère me donne 3 euros. Elle me donne même 4 euros ______________ [9] c'est une matière importante. ______________ [10] c'étaient les maths, j'ai eu 6 euros.

Aujourd'hui c'est le 1er avril. Est-ce qu'on fait des *blagues aux autres en France ______________ [11] est-ce un jour normal ?

Oh, chez nous on fait beaucoup de blagues. A l'école nous *collons des poissons en papier sur le pullover des amis ______________ [12] ils travaillent. Et dans les journaux il y a beaucoup de blagues. Les journalistes se demandent alors ______________ [13] les gens comprennent que c'est une blague !

C'est la même chose en Allemagne ______________ [14] nous ne collons pas de poissons sur les pullovers. Nous collons des papiers avec, par exemple, « Je suis bête » sur les pullovers des autres ______________ [15] ils ne regardent pas. Ce matin, mon amie a collé « J'aime bien Alexander » sur mon pullover ______________ [16] j'aime bien ce garçon. Ce n'était pas gentil ______________ [17] maintenant tout le monde le sait !

Oui, oui, les amies ... Qu'est-ce que tu vas faire ce soir ? Moi, je vais aller au cinéma ______________ [18] mon frère fait la vaisselle ... Mon frère est très bête ______________ [19] il est aussi très paresseux ! Et ta sœur ? Est-ce qu'elle est gentille ______________ [20] est-ce qu'elle est *méchante ?

Karolin ? Oh, ça va, elle est gentille.

Je dois faire mes devoirs maintenant, ______________ [21] je finis ma lettre.

A bientôt !

A bientôt et *bonne chance avec Alexander !

Aufgabe 98 Martine steht bedrückt vor ihrem Englischlehrer M. Dujardin. Sie hat die Hausaufgaben nicht gemacht und versucht nun wortreich, ihrem Lehrer den Grund hierfür zu erklären. Setze die richtigen Konjunktionen in die Lücken ein.

« Excusez-moi, M. Dujardin, ____________[1] je n'ai pas fait mes devoirs ____________[2] mon chien Rufus a mangé mon cahier. Vous savez, il est très jeune ____________[3] il est dans notre famille depuis la semaine dernière. ____________[4] il est venu, ma mère était très énervée, ____________[5] il a tout mangé. Même mon père, un homme très *calme, a dit ____________[6] cela ne va pas. Il a dit : « Il faut rendre le chien ____________[7] il n'arrête pas de manger tout. » Rufus a regardé mon père ____________[8] il n'a pas changé. Mais papa ne va pas le rendre ____________[9] Rufus est si *mignon ! Papa va peut-être l'*entraîner ____________[10] il va payer un *entraîneur. Hier, Rufus a mangé mon cahier d'anglais ____________[11] je téléphonais, ____________[12] aujourd'hui je n'ai pas mes devoirs. ____________[13] j'ai téléphoné pendant une heure, Rufus a eu beaucoup de temps pour tout manger ! Est-ce que vous comprenez mon problème, M. Dujardin ? »

« Assez – et maintenant travaille. Je vais téléphoner ton père ____________[14] lui demander ____________[15] ton histoire est vraie ! »

# 15 Präpositionen – *La préposition*

Präpositionen sind unveränderliche Wörter, die einen Bezug zwischen anderen Wörtern oder Wortgruppen herstellen. Präpositionen stehen oft vor einem Nomen oder einem Pronomen.

### Wann verwendest du Präpositionen?

Präpositionen verwendest du, wenn du ein bestimmtes Verhältnis ausdrücken möchtest, z. B.

- ein Verhältnis der Zeit,
  *Beispiel:* L'école commence à huit heures.
- ein Verhältnis des Raumes oder der Richtung oder
  *Beispiel:* Je viens de Paris.
- ein modales Verhältnis (Verhältnis der Art und Weise)
  *Beispiel:* J'écris la lettre avec un stylo.

### Vergleich mit dem Deutschen

Dieselbe Beziehung zwischen Wörtern oder Wortgruppen wird im Deutschen nicht immer mit der gleichen Präposition ausgedrückt wie im Französischen. Manchmal entspricht einer deutschen Präposition im Französischen auch eine Konstruktion ohne Präposition.

| Deutsch | Französisch | Beispiel |
|---|---|---|
| *an/am* | à | J'attends à la piscine. |
| | – | Le week-end je travaille plus. |
| *auf* | sur | Mets le repas sur la table. |
| | dans | Les enfants jouent dans la rue. |
| | en | Comment est-ce qu'on dit cela en français? |
| | – | J'attends le train. |
| *aus* | du | Le monsieur sort du jardin. |
| | dans | Qui a bu dans mon verre? |
| *bei* | chez | Il est chez le dentiste. |
| | dans | Il passe les vancances dans une famille allemande. |
| | avec | Il a sa petite sœur avec lui. |
| *bis* | jusqu'à | On attend jusqu'à 6 heures. |
| | à | Nous travaillons de 10 heures à 12 heures. |

| Deutsch | Französisch | Beispiel |
|---|---|---|
| *in/im* | dans | Qu'est-ce qu'il y a dans ton sac? |
| | à | Elle est au supermarché. |
| | | Luc habite à Paris. |
| | en | Il n'y a pas beaucoup de cinémas en ville. |
| | – | La boulangerie est rue du Vieux Marché. |
| | au | On a construit ce château au XII$^{e}$ siècle |
| | pendant | Je reste à la maison pendant les vacances. |
| *nach* | après | Il est arrivé après le repas. |
| | à | Je ne suis jamais allé à Berlin. |
| *vor* | devant | Devant l'école il y a une boulangerie. |
| | avant | Il est parti avant Marie. |
| *zu* | chez | Il est allé chez sa tante. |
| | à | Je vais à la pharmacie. |

Aufgabe 99 Wo liegt der Füller? Trage die richtigen Präpositionen ein (*le plumier* = das Federmäppchen).

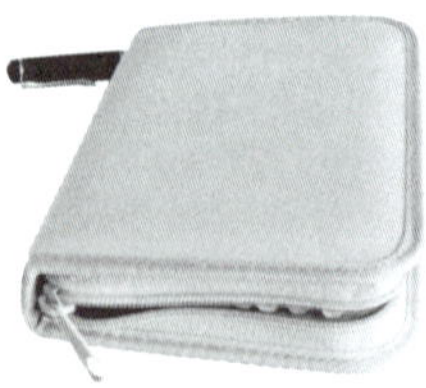

a) ____________ le plumier

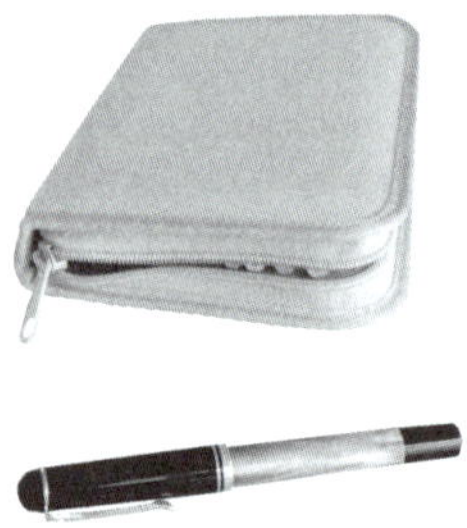

b) ____________ le plumier

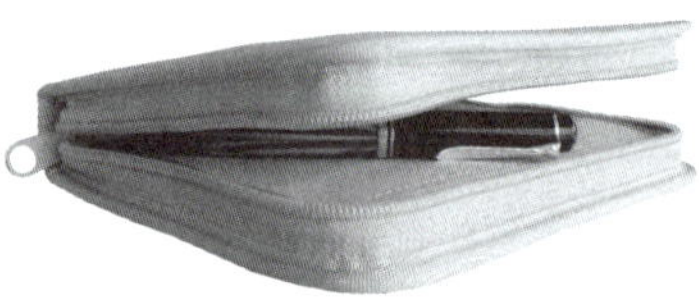

c) ____________ le plumier

d) ____________ le plumier

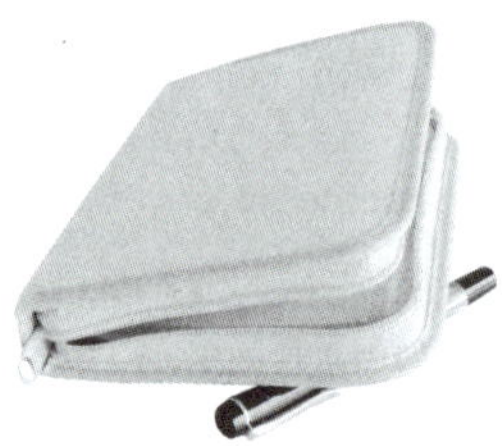

e) ____________ le plumier

f) ____________ du plumier

**ufgabe 100** Das folgende Bild zeigt eine typische Szene auf einem Spielplatz *(le terrain de jeux)*. Die Sätze unten verraten dir, wie welches Kind heißt. Ergänze die Präpositionen. Du kannst auch die Namen der Kinder ins Bild neben das jeweilige Kind schreiben.

a) Voilà Serge. C'est le garçon qui mange une pomme. Il se trouve ____sur____ l'arbre.

b) Frédéric est le petit garçon qui court __________ sa mère.

c) Manuel, c'est le garçon avec les lunettes qui se trouve __________ l'arbre.

d) Sylvie est la grande fille qui joue __________ le *sable.

e) Ugolin, c'est le petit garçon __________ la *balançoire.

f) Fanny est la petite qui joue ____________ d'Ugolin et qui le regarde tout le temps.

g) Julie est la fille qui boit une limonade. Elle est ______________ vacances ici. Normalement, elle vit dans une autre ville.

h) Serge est le bébé. Il est né ____________ août. C'est le petit qui joue avec la voiture. Il reste toujours ____________ sa mère.

i) Aimée, c'est la fille qui se trouve _________ la balançoire.

j) Luc est le garçon qui se trouve _________ l'entrée du terrain de jeux. Il a un peu peur des autres.

k) Marie joue _________ sa poupée, là, _________ la table.

l) Céline, c'est la fille qui habite maintenant _________ Berlin, en Allemagne. Elle joue avec Marie.

m) Sonia veut toujours manger une glace _______________ quatre heures pour le goûter[1]. C'est la fille avec le ballon.

1 le goûter: Kuchen oder Süßigkeit für die Kinder am Nachmittag als Zwischenmahlzeit.

Aufgabe 101 Beschreibe dein Zimmer. Verwende möglichst viele der folgenden Präpositionen: *sur, sous, dans, devant, derrière, à côté de, à, avec.* Im Kasten stehen einige Vokabelhilfen. Schreibe ca. 80–100 Wörter.

| | | |
|---|---|---|
| Schreibtisch – *le bureau* | Poster – *le poster* | Popmusik – *la musique pop* |
| Regal – *une étagère* | Pflanze – *la plante* | Plüschtier – *un animal en peluche* |

ıfgabe 102 Lies die folgende Geschichte und ergänze die richtigen Wörter. In den meisten Fällen ist eine Präposition einzusetzen.

« Salut. Je m'appelle Elodie et j'ai 14 ans. Je vais à l'école ___à___ 1 Bordeaux. J'habite ________ 2 mes grands-parents, parce que mes parents sont morts. J'ai un frère, Maurice, qui a 12 ans. Maurice aime beaucoup le cinéma et donc, ________ 3 week-end, il va souvent ________ 4 cinéma ou il va ________ 5 son ami René et passe tout le week-end ________ 6 lui. Moi, je reste ________ 7 mes grands-parents, je vais ________ 8 le jardin ou j'invite des amies de passer le week-end ________ 9 ma famille.

J'ai une amie, Fabienne, que j'aime beaucoup. Chaque matin, elle regarde ____ 10 la fenêtre (elle m'attend toujours ________ 11 8.30 heures le matin) et on va ________ 12 l'école ensemble. A l'école nous passons toujours la récréation ensemble ________ 13 la cour. ________ 14 les vacances, elle habite souvent ________ 15 nous parce que mes grands-parents l'aiment aussi beaucoup. Alors nous faisons du vélo ________ 16 la rue ou nous allons ________ 17 un café ou nous mangeons du gâteau ________ 18 ma grand-mère. ________ 19 1998 elle a gagné un prix pour son gâteau aux pommes !

Eh bien, ________ 20 week-end dernier j'ai eu rendez-vous avec Fabienne ________ 21 le café « La belle mer » ________ 22 trois heures. Fabienne avait son chien Rufus ________ 23 elle, un gentil petit animal. Le garçon a mis mon chocolat et la limonade de Fabienne ________ 24 la table – et de l'eau pour Rufus ________ 25 la table ________ 26 de nos pieds.

Tout à coup un cabriolet rouge s'est arrêté ________ 27 le café. Un jeune homme ________ 28 des *lunettes de soleil est sorti de la voiture. Il a choisi la table ________ 29 de nous et il a appelé le garçon. Il a voulu trois apéritifs, deux cafés et trois repas ! Et qu'est-ce qu'il a fait quand il a fini, ________ 30 le repas ? Il est sorti sans payer !

Non, ce n'est pas correct. Il a essayé de sortir sans payer, mais le chien Rufus a tout vu et il a couru ________ 31 le *voleur. Il a *tiré le monsieur par le pantalon ________ 32 l'arrivée de la police.

Le soir Rufus a eu du gâteau aux pommes de ma grand-mère ! »

**Aufgabe 103** Schau dir die Urlaubsbilder aus Südfrankreich *(le sud de la France)* an und schreibe dann eine Postkarte aus dem Urlaub an eine französische Freundin oder einen Freund, so als hättest du diesen Urlaub erlebt. Hinweise für die richtige Form der Anrede und Verabschiedung findest du auf Seite 15.
Schreibe ca. 70–90 Wörter.

| | |
|---|---|
| baden – *se baigner* | schwimmen – *nager* |
| Fotoapparat – *un appareil photo* | Flugzeug – *un avion* |

*Le Pont du Gard près de Nîmes*[1]

1 Berühmter Teil einer alten römischen Wasserleitung.

# Die Zahlen

## 16 Die Zahlen ab 70 – *Les nombres à partir de 70*

**Die Zahlen ab 70 weisen einige Besonderheiten auf:**

- **70 bis 79** bildest du aus 60 + 10 (*soixante-dix*), 60 + 11 (*soixante et onze*), 60 + 12 (*soixante-douze*), ..., 60 + 19 (*soixante-dix-neuf*). Nur 71 (*soixante et onze*) wird mit *et* gebildet, die anderen Zahlen mit Bindestrich.

| | | |
|---|---|---|
| 70 soixante-dix | 74 soixante-quatorze | 78 soixante-dix-huit |
| 71 soixante et onze | 75 soixante-quinze | 79 soixante-dix-neuf |
| 72 soixante-douze | 76 soixante-seize | |
| 73 soixante-treize | 77 soixante-dix-sept | |

- **80** entspricht 4 x 20 (*quatre-vingts*). **81 bis 99** bildest du aus 80 + 1 (*quatre-vingt-un*), 80 + 2 (*quatre-vingt-deux*), 80 + 3 (*quatre-vingt-trois*), ..., 80 + 19 (*quatre-vingt-dix-neuf*). *quatre-vingts* verliert das -*s*, sobald eine weitere Zahl folgt: *quatre-vingt-un*.

| | | |
|---|---|---|
| 80 quatre-vingts | 87 quatre-vingt-sept | 94 quatre-vingt-quatorze |
| 81 quatre-vingt-un | 88 quatre-vingt-huit | 95 quatre-vingt-quinze |
| 82 quatre-vingt-deux | 89 quatre-vingt-neuf | 96 quatre-vingt-seize |
| 83 quatre-vingt-trois | 90 quatre-vingt-dix | 97 quatre-vingt-dix-sept |
| 84 quatre-vingt-quatre | 91 quatre-vingt-onze | 98 quatre-vingt-dix-huit |
| 85 quatre-vingt-cinq | 92 quatre-vingt-douze | 99 quatre-vingt-dix-neuf |
| 86 quatre-vingt-six | 93 quatre-vingt-treize | |

- **100** cent
  101 cent un

- **Ab 200** haben die vollen Hunderter ein Plural-s. Folgt den Hunderten eine weitere Zahl, so fällt das -*s* weg.

| | |
|---|---|
| 200 deux cents | 900 neuf cents |
| 217 deux cent dix-sept | 999 neuf cent quatre-vingt-dix-neuf |

- ***mille*** ist unveränderlich.
  1 000 mille
  2 000 deux mille

- Folgt auf ***un million*** ein Nomen, so wird es mit *de* angeschlossen: *trois millions d'animaux*.
  1 000 000 un million
  2 000 000 deux millions

**Aufgabe 104** Jürgen ist auf dem Flohmarkt in Orléans. Er will einige Dinge kaufen und bald schwirren die Preise nur so in seinem Kopf. Manches ist teuer, manches ist sehr preiswert.

Was kosten die Artikel? Schreibe den gesprochenen Preis als Ziffer.

a) 

« quatre-vingt-dix centimes »

90 centimes

b) 

« soixante-douze euros »

____________________

c) 

« quatre-vingt-dix-neuf centimes »

____________________

d) 

« soixante-quinze centimes »

____________________

e) 

« mille huit cent quatre-vingt-huit euros »

f) 

« trois cent trente-six euros »

g) 

« quatre-vingt-trois centimes »

h) 

« soixante-dix centimes »

i) 

« quatre-vingt-quatorze centimes »

j) 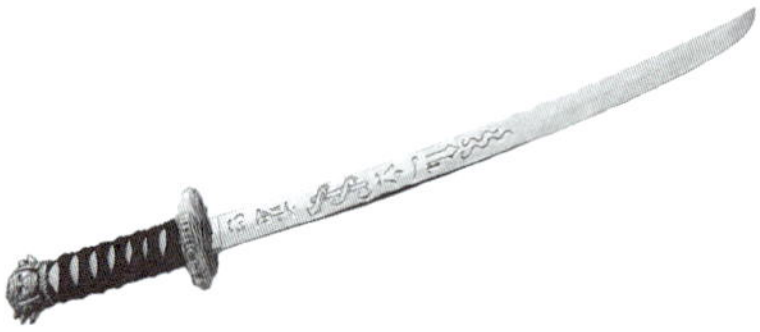

« deux cents euros »

______________________

k) 

« soixante et onze centimes »

______________________

l) 

« cent cinquante et un euros »

______________________

Aufgabe 105 Schreibe die Zahlen aus.

a) 71 ______________________
b) 99 ______________________
c) 101 ______________________
d) 229 ______________________
e) 888 ______________________
f) 2 002 ______________________
g) 3 000 000 ______________________
h) 85 ______________________
i) 675 ______________________
j) 493 ______________________
k) 78 ______________________
l) 130 ______________________

ıfgabe 106 Jedes französische *département* hat eine eigene Nummer. In der folgenden Tabelle sind einige *départements* und ihr Hauptort *(chef-lieu)* angegeben. Suche die Nummern der *départements* in der Karte und trage sie in die Tabelle ein. Schreibe die Nummern auch aus.
Zusatzaufgabe: Finde die Namen der Regionen heraus, in denen die *départements* liegen, und trage sie in die Tabelle ein.

| numéro | département | chef-lieu | région |
|---|---|---|---|
| 87 quatre-vingt-sept | Haute-Vienne | Limoges | Limousin |
| | Deux-Sèvres | Niort | |
| | Essonne | Evry | |
| | Haute-Saône | Vesoul | |
| | Haute-Savoie | Annecy | |
| | Hauts-de-Seine | Nanterre | |
| | Paris | Paris | |
| | Savoie | Chambéry | |
| | Seine et Marne | Melun | |
| | Seine-Maritime | Rouen | |
| | Somme | Amiens | |
| | Tarn | Albi | |
| | Val de Marne | Créteil | |
| | Val d'Oise | Pontoise | |
| | Var | Toulon | |
| | Vaucluse | Avignon | |
| | Vienne | Poitiers | |
| | Vosges | Epinal | |
| | Yonne | Auxerre | |
| | Yvelines | Versailles | |

Lille
80
Amiens
76
SEINE-
MARITIME
Caen
Reims
Metz
Paris
77
SEINE ET
MARNE
Nancy
Strasbourg
88
VOSGES
Rennes
Le Mans
Orléans
89
YONNE
Vesoul
90
70
BELFORT
Angers
Dijon
Besançon
Nantes
71
85
VENDÉE
79
DEUX-
SÈVRES
86
Poitiers
Mâcon
74
HAUTE-
SAVOIE
87
HAUTE-
VIENNE
Clermont-
Ferrand
Lyon
73
SAVOIE
Grenoble
95
Pontoise
Nanterre
Paris
95
Versailles
92
94
Créteil
78
Evry
91
Bordeaux
84
Avignon
82
TARN-ET-
GARONE
81
Albi
Nimes
Nice
83
Toulouse
Marseille
Toulon

# 17 Ordnungszahlen – *Le numéral ordinal*

Mit Ordnungszahlen kannst du Rangfolgen angeben, also sagen, wer der Erste, der Zweite, der Dritte usw. ist.

### Wie bildest du die Ordnungszahlen?

Die Ordnungszahlen bildest du, indem du die Endung ***-ième*** **an die Grundzahlen** anfügst.

*Beispiel:* trois → troisième

**Beachte:**

- Es gibt bei den Ordnungszahlen nur eine Form für Maskulinum und Femininum. Ausnahmen sind *le premier/la première* und *le second/la seconde*.
  *Deuxième* und *second* sind in den meisten Fällen austauschbar. *Second* kann aber nicht mit einer anderen Zahl verbunden werden, daher heißt es z. B. *le vingt-deuxième*.
  *Second* wird in einigen festen Ausdrücken verwendet, wie z. B. *la Seconde Guerre mondiale = der Zweite Weltkrieg.*
- Wenn die Grundzahl auf *-e* endet, so entfällt dieses in der Ordnungszahl vor *-ième* *(seize → seizième).*
- Der Artikel wird nicht apostrophiert, auch nicht vor Vokal *(le huitième, la onzième).*
- Schreibt man die Ordnungszahlen als Ziffern, so fügt man ein hochgestelltes kleines *-e* an *(le huitième = le $8^{e}$).*

Bei den folgenden Ordnungszahlen sind die Besonderheiten unterstrichen:

| | | | |
|---|---|---|---|
| $1^{er}$ | le premier | $14^{e}$ | le/la quatorzième |
| $1^{ère}$ | la première | $15^{e}$ | le/la quinzième |
| $2^{e}$ | le/la deuxième | $16^{e}$ | le/la seizième |
| | le second | $17^{e}$ | le/la dix-septième |
| | la seconde | $19^{e}$ | le/la dix-neuvième |
| $3^{e}$ | le/la troisième | $20^{e}$ | le/la vingtième |
| $5^{e}$ | le/la cinquième | $21^{e}$ | le/la vingt et unième |
| $8^{e}$ | le/la huitième | $30^{e}$ | le/la trentième |
| $9^{e}$ | le/la neuvième | $70^{e}$ | le/la soixante-dixième |
| $11^{e}$ | le/la onzième | $71^{e}$ | le/la soixante et onzième |
| $12^{e}$ | le/la douzième | $90^{e}$ | le/la quatre-vingt-dixième |
| $13^{e}$ | le/la treizième | $100^{e}$ | le/la centième |

Aufgabe 107 Zehn Freunde aus Bordeaux veranstalten ein Wettrennen. Finde die Reihenfolge heraus, in der sie ins Ziel kommen.

Isabelle est la fille la plus rapide.
Véronique est la fille la moins rapide mais elle est plus rapide que Martin.
Maurice est moins rapide que Karima.
Luc court moins rapide que Véronique et Martin.
Serge est plus rapide qu'Isabelle mais moins rapide que Patrick.
Karima arrive directement après Isabelle.
Yasmina court un peu moins rapide que Sébas, mais elle est plus rapide que Martin et Véronique.
Maurice est plus rapide que Yasmina et il a aussi battu Sébas.

a) Isabelle est ______________________ qui arrive.

b) Luc est ______________________ qui arrive.

c) Sébas est ______________________ qui arrive.

d) Karima est la ______________________ qui arrive.

e) Véronique est ______________________ qui arrive.

f) Serge est ______________________ qui arrive.

g) Martin est ______________________ qui arrive.

h) Patrick est ______________________ qui arrive.

i) Maurice est ______________________ qui arrive.

j) Yasmina est ______________________ qui arrive.

**Aufgabe 108** Sascha aus Köln ist zu Besuch in Versailles. Natürlich will er das berühmte Schloss des Sonnenkönigs Ludwig XIV. besuchen, weiß aber den Weg dorthin nicht. Also fragt er einen Einheimischen nach dem Weg. Der gibt ihm folgende Beschreibung.
Schau dir die Karte an und beschreibe Sascha den eingezeichneten Weg.

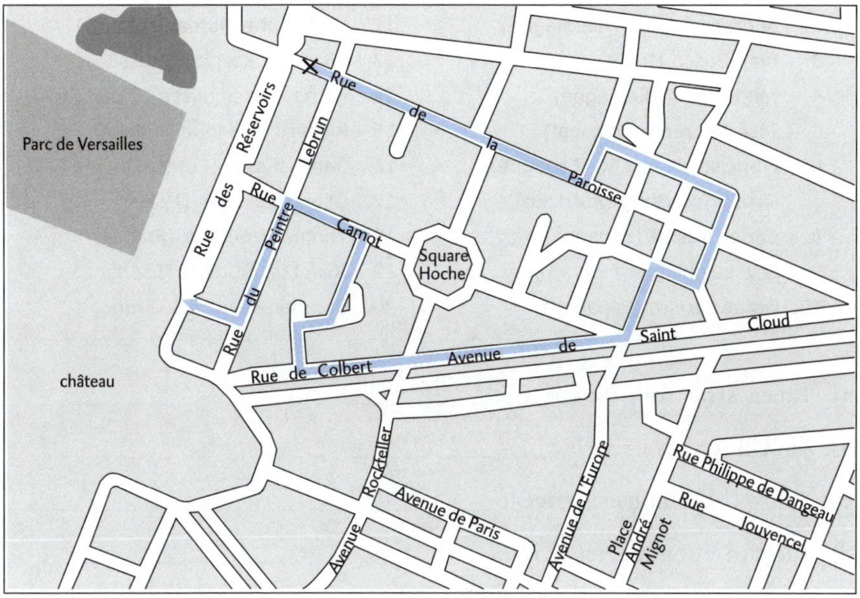


« Donc, jeune homme, vous prenez __la troisième__ [1] à gauche. Puis vous prenez ____________ [2] à droite, ensuite ____________ [3] à droite. Après c'est ____________ [4] à droite. Puis vous continuez et vous tournez dans ____________ [5] à gauche. Vous suivez la rue et vous tournez dans ____________ [6] rue à droite, c'est une grande avenue. Vous allez tout droit dans cette avenue et ensuite vous prenez ____________ [7] rue à droite. Vous suivez la rue, prenez encore ____________ [8] rue à droite et vous tournez dans ____________ [9] à gauche. Ensuite vous prenez ____________ [10] à gauche, c'est la rue Carnot. Maintenant ce n'est plus loin. Vous prenez ____________ [11] à gauche et alors vous tournez dans ____________ [12] à droite. Vous suivez la rue et vous allez voir le château. » – « Merci monsieur, si je tourne à gauche, là, dans ____________ [13] rue à gauche, est-ce que ce n'est pas beaucoup plus court ? » – « C'est vrai, mais vous n'allez rien voir de la ville de Versailles comme cela ! »

**Aufgabe 109** Die *Tour de France,* das bekannteste Radrennen der Welt, fand erstmals 1903 statt. Hier siehst du das Endergebnis von 2004. Schau dir die Auflistung an und ergänze dann die sich darauf beziehenden Aussagen.

| | |
|---|---|
| 1. Lance Armstrong (Etats-Unis) | 11. Pietro Cauchioli (Italie) |
| 2. Andreas Klöden (Allemagne) | 12. Christophe Moreau (France) |
| 3. Ivan Basso (Italie) | 13. Wladimir Karpets (Russie) |
| 4. Jan Ullrich (Allemagne) | 14. Michael Rasmussen (Danemark) |
| 5. José Azevedo (Portugal) | 15. Richard Virenque (France) |
| 6. Francisco Mancebo (Espagne) | 16. Sandy Casar (France) |
| 7. Georg Totschnig (Autriche) | 17. Gilberto Simoni (Italie) |
| 8. Carlos Sastre (Espagne) | 18. Thomas Voeckler (France) |
| 9. Levi Leipheimer (Etats Unis) | 19. José Luis Rubiera (Espagne) |
| 10. Oscar Pereiro (Espagne) | 20. Stéphane Goubert (France) |

a) Lance Armstrong est arrivé le premier __________.

b) Jan Ullrich est arrivé le __________.

c) Pietro Cauchioli est arrivé le __________.

d) Richard Virenque est arrivé le __________.

e) Francisco Mancebo était le premier __________ Espagnol.

f) Jan Ullrich était le __________ Allemand.

g) José Luis Rubiera était le __________ Espagnol.

h) Le premier __________ Allemand est arrivé deuxième __________.

i) Le premier Français est arrivé __________.

j) L'Autrichien est arrivé __________.

k) Le troisième Espagnol est arrivé __________.

l) Stéphane Goubert est arrivé __________.

m) Georg Totschnig est arrivé __________.

n) Andreas Klöden était le __________ Allemand.

o) Le __________ Français s'appelle Sandy Casar.

## 18 Die Bruchzahlen – *La fraction*

Bei den Bruchzahlen steht im Zähler eine Grundzahl und im Nenner eine Ordnungszahl.

*Beispiel:* $^1/_5$ = un cinquième

**Beachte:**

- $^1/_2$, $^1/_3$, $^1/_4$ haben eigene Formen: *un demi, un tiers, un quart.*
- Statt *demi* verwendet man häufig *la moitié: un demi-gâteau = la moitié d'un gâteau.*
- Ist der Zähler größer als 1, so bekommt der Nenner ein Plural-s in der ausgeschriebenen Version: *deux cinquièmes.*

| | | | | |
|---|---|---|---|---|
| $^1/_2$ | = | un demi | *Beispiel:* | un demi-gâteau, une demi-heure |
| $^1/_3$ | = | un tiers | *Beispiel:* | un tiers du gâteau, un tiers des élèves |
| $^1/_4$ | = | un quart | *Beispiel:* | un quart du gâteau, un quart des élèves |
| $^1/_5$ | = | un cinquième | *Beispiel:* | un cinquième du gâteau |
| $^1/_6$ | = | un sixième | *Beispiel:* | un sixième des élèves |
| $^2/_7$ | = | deux septièmes | *Beispiel:* | deux septièmes du gâteau |
| $^3/_4$ | = | trois quarts | *Beispiel:* | les trois quarts des élèves/du gâteau |

Aufgabe 110

Sechs Freunde aus Avignon haben eines gemeinsam: Zu ihrem Geburtstag „bestellen" sie immer bei ihren Großmüttern einen leckeren Apfelkuchen. Doch der Appetit der Freunde ist unterschiedlich groß. Finde heraus, wer wie viel vom Kuchen seiner jeweiligen Oma isst.

Die Freunde heißen Arthur, Clément, Gilles, Maurice, Serge und Franck.

So viel essen sie: $^3/_4$, $^1/_2$, $^1/_3$, $^1/_4$, $^1/_5$, $^1/_6$

Wer isst nun welche Menge? Schreibe die Bruchzahlen aus.

Gilles mange moins qu' Arthur. Clément mange plus qu'Arthur. Franck mange un quart du gâteau de sa grand-mère. Serge mange le moins. Maurice mange moins qu'Arthur et plus que Franck. Gilles mange moins que Franck.

a) Arthur mange ________________ gâteau de sa grand-mère.

b) Clément mange les ________________ du gâteau de sa grand-mère.

c) Gilles mange ________________ du gâteau de sa grand-mère.

d) Maurice mange ________________ du gâteau de sa grand-mère.

e) Serge mange ________________ du gâteau de sa grand-mère.

f) Franck mange ________________ du gâteau de sa grand-mère.

**Aufgabe 111** Eine Schulklasse aus Beauvais, nördlich von Paris, möchte einen Schulausflug machen. Als es um das Ausflugsziel geht, sind sich die Schüler nicht einig. Also wird abgestimmt. Hier ist das Abstimmungsergebnis. Welcher Vorschlag wird mehrheitlich angenommen? Schreib ihn hinter *Le résultat* auf die letzte Zeile.

a) $^1/_3$ visiter le parc Eurodisney

Un tiers de la classe veut visiter le parc Eurodisney.

b) $^1/_5$ visiter la ville de Paris

______________________________.

c) $^1/_7$ Aller visiter le zoo

______________________________.

d) $^1/_{10}$ faire une promenade avec pique-nique

______________________________.

e) $^1/_{16}$ aller visiter le château de Fontainebleau

______________________________.

f) $^1/_4$ aller à la piscine

______________________________.

g) $^1/_{20}$ aller au musée du Louvre à Paris

______________________________.

h) $^1/_2$ aller au bord de la mer

______________________________.

i) $^1/_{10}$ aller voir la Tapisserie de Bayeux[1]

______________________________.

j) $^1/_{30}$ rester à l'école

______________________________.

Le résultat : ______________________________

1 La Tapisserie de Bayeux: berühmter gestickter Teppich, der die Eroberung Englands (Schlacht von Hastings) durch die Normannen im Jahr 1066 zeigt.

Aufgabe 112 Die Familie und der familiäre Zusammenhalt werden in Frankreich großgeschrieben, was Anlass für ein französisches Meinungsforschungsinstitut war nachzufragen: Wie viele Jugendliche haben tatsächlich noch Kontakt zu ihren Großeltern? Hier das Ergebnis. Rechne die Prozentzahlen in Bruchzahlen um und schreibe sie dann aus.

a) 75 % Les trois quarts des jeunes voient leurs grands-parents au moins une fois par semaine.

b) 20 % ______________ des jeunes s'intéressent à l'avis de leurs grands-parents (quand on parle de la politique, de la religion, etc.).

c) 50 % ______________ des jeunes parlent avec leurs grands-parents quand ils ont des problèmes à l'école.

d) 25 % ______________ des jeunes parlent avec leurs grands-parents quand ils ont des problèmes d'amour ou des problèmes avec les parents.

e) 80 % ______________ des jeunes vont voir leurs grands-parents pendant les vacances.

f) 40 % ______________ des jeunes sont contents quand les grands-parents viennent voir leur famille.

g) 10 % ______________ des jeunes téléphonent *régulièrement à leur grand-père ou leur grand-mère.

h) 70 % ______________ des jeunes écrivent une lettre pour l'anniversaire du grand-père ou de la grand-mère.

i) 90 % ______________ des jeunes trouvent que les grands-parents sont moins *sévères que les parents.

j) 33 % ______________ des jeunes reçoivent de l'argent de poche de leurs grands-parents.

# Anhang

## 19 Schwierige Wörter, die wir in diesem Buch benutzen

à travers – durch, hindurch
à toi-même – an dich selbst
accompagner – begleiten
appartenir – angehören
l'armée (f.) – Armee
autoritaire – autoritär
l'actrice (f.) – Schauspielerin
s'adresser à – sich wenden an, ansprechen
allumée – an(gezündet), beleuchtet
l'animal en peluche (m.) – Plüschtier
l'appareil photo (m.) – Fotoapparat
l'argent (m.) – Geld
arrêter – festnehmen
l'art (m.) – Kunst
s'asseoir – sich setzen
l'autographe (m.) – Autogramm

la balançoire – Schaukel
la bande dessinée – Comic
la bataille – Schlacht, Kampf
le bâtiment – Gebäude
la blague – Scherz
Bon séjour. – Guten Aufenthalt.
Bonne chance (f.). – Viel Glück.
la boum (fam.) – Fest, Fete
le bureau – Schreibtisch

cacher – verstecken
calme – ruhig, ausgeglichen
calmer – beruhigen
car – denn

| | | |
|---|---|---|
| la caravane | – | Wohnwagen |
| la carrière | – | Karriere |
| casser | – | zerbrechen, zerstören |
| célèbre | – | berühmt |
| célébrer | – | feiern |
| les cercles (m. pl.) littéraires | – | Lesezirkel, Lesegruppen |
| le champ | – | Feld, Acker |
| les chants (m. pl.) de Noël | – | Weihnachtslieder |
| château, le | – | Schloss, Burg |
| Chers tous | – | *wörtlich:* meine Lieben (Briefanrede) |
| les cheveux (m. pl.) | – | Haare |
| coller | – | ankleben, anheften |
| comme | – | da, weil |
| la communauté | – | Gemeinschaft |
| le compromis | – | Kompromiss |
| se concentrer | – | sich konzentrieren |
| le conducteur | – | Fahrer |
| le conducteur du car | – | Busfahrer |
| le constructeur | – | Erbauer |
| la construction | – | Bau, Konstruktion |
| le contrôle | – | Klassenarbeit |
| la crème | – | Sahne |
| | | |
| d'ailleurs | – | übrigens |
| dans toute sa grandeur | – | in seiner ganzen Größe |
| de force | – | mit Gewalt |
| le début | – | Anfang |
| décoré, e | – | dekoriert, hergerichtet |
| démodé, e | – | altmodisch, unmodern |
| la dent | – | Zahn |
| le dentifrice | – | Zahnpasta |
| le départ | – | Start, Anfang; Aufbruch |
| le dictionnaire | – | Wörterbuch |
| discipliné, e | – | diszipliniert |
| dur | – | hart; schwer |
| durer | – | dauern |
| | | |
| l'écrivain (m.) | – | Schriftsteller |
| éduquer | – | erziehen |

l'Egypte (f.) – Ägypten
en face – gegenüber
en même temps – gleichzeitig
ennuyeux – langweilig
enregistrer – aufnehmen, einspielen
s'entendre avec – sich verstehen mit
entraîner – trainieren
l'entraîneur (m.) – Trainer
l'enveloppe (f.) – Briefumschlag
envoyer – schicken
épouser – heiraten
l'étagère (f.) – Regal
être assis à – an etwas sitzen (z. B. an einem Tisch)
l'Europe (f.) – Europa
l'examen oral (m.) – mündliche Prüfung
extra (fam.) – super, klasse

faire la bise à – rechts und links auf die Wange küssen
la farine – Mehl
la ferme – Bauernhof
le feu d'artifice – Feuerwerk
la fourchette – Gabel
la fraise – Erdbeere
le frigo – Kühlschrank

garer – parken
Gros bisous (m. pl.) – *wörtlich:* dicke Küsse (Briefschluss)
la guerre – der Krieg

haut, e – hoch

s'inquiéter – sich Sorgen machen
l'instruction (f.) – Anweisung
interdit, e – verboten
l'interrogation écrite (f.) – Klassenarbeit

« Laisse-moi tranquille ! » – „Lass mich in Ruhe!“
le lait – Milch
la langue – Sprache

la lavande – Lavendel
se lever – aufstehen (aus dem Bett)
la librairie – Bücherei
le libre temps – Freizeit
longtemps – lange
louer – mieten
les lunettes de soleil (f. pl.) – Sonnenbrille

le magazine – Zeitschrift
la matière – Schulfach
le maire – Bürgermeister
mentir – lügen
la messe – Messe, Gottesdienst
le Métro – Pariser Untergrundbahn
mignon, ne – süß, niedlich
le minuit – Mitternacht
le modèle – Vorbild
moi-même – ich selbst
se moquer de – sich lustig machen über
le Moyen Age – Mittelalter
la musique pop – Popmusik

nager – schwimmen
nécessaire – notwendig
le neveu – Neffe

l'œuf (m.) – Ei
offrir – anbieten; schenken

paraître – erscheinen
paresseux, se – faul
se passer – passieren
partout – überall
le patin à roulettes – Rollschuh
le pauvre – der Arme
pauvre – arm
la peinture – Malerei
le personnage – Figur in einem Buch oder Comic
la pièce – Stück, Teil(chen)

la pierre – Stein
la piscine – Schwimmbad
plaire à qn – jdm. gefallen
la plante – Pflanze
la pluie – Regen
populaire – beliebt
le portable – Handy
le poster – Poster
la poubelle – Mülleimer
préférer – bevorzugen
le président – Präsident
la preuve – Beweis
privé, e – privat
proposer – vorschlagen
prudent, e – vorsichtig

quand même – trotzdem

ranger sa chambre – sein Zimmer aufräumen
la raquette – (Tennis-)Schläger
le réalisateur – Regisseur
recevoir qn – jdn. empfangen
recommander – empfehlen
régulièrement – regelmäßig
se rencontrer – sich treffen
le renseignement – Auskunft
la réponse – Antwort
le restaurant rapide – Schnellimbiss
la Révolution française – Französische Revolution
ridicule – lächerlich
rigoler – kichern, lachen
le riz – Reis

le sable – Sand
la Saint-Sylvestre – Silvester
le saladier – Salatschüssel
saluer qn – jdn. grüßen
le sel – Salz
le sentiment – Gefühl

sévère – streng
le shampooing – Kopfwaschen, Shampoonieren
si – so (sehr); doch; wenn (falls); ob
le sirop contre la toux – Hustensaft
sourire – lächeln
le succès – Erfolg
la sucette – Lutscher
sucré – gezuckert

la tarte – französischer Kuchen
le terrain de jeu – Spielplatz
le travail – Arbeit
la tente – Zelt
tirer – ziehen
tourner – drehen
le tsar – Zar
le tube – Hit

l'usine – Fabrik

la vendeuse – Verkäuferin
la vie – Leben
voler qc – etwas stehlen
le voleur – Dieb

# 20 Wichtige regelmäßige und unregelmäßige Verben

Hinweis: Aus Platzgründen wurde darauf verzichtet, bei jeder Verbform alle Personalpronomen aufzuführen. Also steht z. B. *il travaille* für *il/elle/on travaille* und *ils travaillent* für *ils/elles travaillent.*

## Verben auf *-er*:

| Infinitiv | Präsens | | *passé composé* | *imparfait* |
|---|---|---|---|---|
| **travailler** | je travaille<br>tu travailles<br>il travaille | nous travaillons<br>vous travaillez<br>ils travaillent | j'ai travaillé | je travaillais |
| | Ebenso: *arriver, entrer, rentrer, monter, retourner, tomber, rester,* aber: diese Verben bilden das *passé composé* mit *être.* | | | |
| **acheter** | j'achète<br>tu achètes<br>il achète | nous achetons<br>vous achetez<br>ils achètent | j'ai acheté | j'achetais |
| | Ebenso: *enlever.* | | | |
| **se lever** | je me lève<br>tu te lèves<br>il se lève | nous nous levons<br>vous vous levez<br>ils se lèvent | je me suis levé | je me levais |
| | Ebenso: *se promener.* | | | |
| **préférer** | je préfère<br>tu préfères<br>il préfère | nous préférons<br>vous préférez<br>ils préfèrent | j'ai préféré | je préférais |
| | Ebenso: *compléter, espérer, s'inquiéter* (*passé composé* mit *être*), *répéter.* | | | |
| **appeler** | j'appelle<br>tu appelles<br>il appelle | nous appelons<br>vous appelez<br>ils appellent | j'ai appelé | j'appelais |
| | Ebenso: *épeler, jeter.* | | | |
| **payer** | je paie<br>tu paies<br>il paie | nous payons<br>vous payez<br>ils paient | j'ai payé | je payais |
| | Ebenso: *envoyer, essayer.* | | | |
| **manger** | je mange<br>tu manges<br>il mange | nous mangeons<br>vous mangez<br>ils mangent | j'ai mangé | je mangeais<br>nous mangions<br>ils mangeaient |
| | Ebenso: *changer, corriger, déranger, ranger.* | | | |

| Infinitiv | Präsens | | *passé composé* | *imparfait* |
|---|---|---|---|---|
| commencer | je commence<br>tu commences<br>il commence | nous commençons<br>vous commencez<br>ils commencent | j'ai commencé | je commençais<br>nous commen-cions<br>ils commençaient |
| | Ebenso: *annoncer, avancer, prononcer.* | | | |

## Verben auf *-dre*:

| Infinitiv | Präsens | | *passé composé* | *imparfait* |
|---|---|---|---|---|
| prendre | je prends<br>tu prends<br>il prend | nous prenons<br>vous prenez<br>ils prennent | j'ai pris | je prenais |
| | Ebenso: *comprendre, surprendre.* | | | |
| répondre | je réponds<br>tu réponds<br>il répond | nous répondons<br>vous répondez<br>ils répondent | j'ai répondu | je répondais |
| | Ebenso: *attendre, descendre, perdre, rendre.* | | | |

## Verben auf *-ir*:

| Infinitiv | Präsens | | *passé composé* | *imparfait* |
|---|---|---|---|---|
| dormir | je dors<br>tu dors<br>il dort | nous dormons<br>vous dormez<br>ils dorment | j'ai dormi | je dormais |
| | Ebenso: *partir, sortir* (beide *passé composé* mit être), *mentir, sentir, servir.* | | | |
| finir | je finis<br>tu finis<br>il finit | nous finissons<br>vous finissez<br>ils finissent | j'ai fini | je finissais |
| | Ebenso: *choisir, réagir, réfléchir, réussir.* | | | |
| courir | je cours<br>tu cours<br>il court | nous courons<br>vous courez<br>ils courent | j'ai couru | je courais |

| Infinitiv | Präsens | | *passé composé* | *imparfait* |
|---|---|---|---|---|
| **ouvrir** | j'ouvre<br>tu ouvres<br>il ouvre | nous ouvrons<br>vous ouvrez<br>ils ouvrent | j'ai ouvert | j'ouvrais |
| | Ebenso: *offrir, découvrir.* | | | |
| **tenir** | je tiens<br>tu tiens<br>il tient | nous tenons<br>vous tenez<br>ils tiennent | j'ai tenu | je tenais |
| | Ebenso: *appartenir, venir (passé composé* mit *être), devenir (passé composé* mit *être).* | | | |

## Unregelmäßige Verben

| Infinitiv | Präsens | | *passé composé* | *imparfait* |
|---|---|---|---|---|
| **avoir** | j'ai<br>tu as<br>il a | nous avons<br>vous avez<br>ils ont | j'ai eu | j'avais |
| **être** | je suis<br>tu es<br>il est | nous sommes<br>vous êtes<br>ils sont | j'ai été | j'étais |
| **aller** | je vais<br>tu vas<br>il va | nous allons<br>vous allez<br>ils vont | je suis allé | j'allais |
| **boire** | je bois<br>tu bois<br>il boit | nous buvons<br>vous buvez<br>ils boivent | j'ai bu | je buvais |
| **construire** | je construis<br>tu construis<br>il construit | nous construisons<br>vous construisez<br>ils construisent | j'ai construit | je construisais |
| | Ebenso: *conduire.* | | | |
| **connaître** | je connais<br>tu connais<br>il connaît | nous connaissons<br>vous connaissez<br>ils connaissent | j'ai connu | je connaissais |

| Infinitiv | Präsens | | passé composé | imparfait |
|---|---|---|---|---|
| croire | je crois<br>tu crois<br>il croit | nous croyons<br>vous croyez<br>ils croient | j'ai cru | je croyais |
| devoir | je dois<br>tu dois<br>il doit | nous devons<br>vous devez<br>ils doivent | j'ai dû | je devais |
| dire | je dis<br>tu dis<br>il dit | nous disons<br>vous dites<br>ils disent | j'ai dit | je disais |
| écrire | j'écris<br>tu écris<br>il écrit | nous écrivons<br>vous écrivez<br>ils écrivent | j'ai écrit | j'écrivais |
| faire | je fais<br>tu fais<br>il fait | nous faisons<br>vous faites<br>ils font | j'ai fait | je faisais |
| falloir | il faut | | il a fallu | il fallait |
| lire | je lis<br>tu lis<br>il lit | nous lisons<br>vous lisez<br>ils lisent | j'ai lu | je lisais |
| mettre | je mets<br>tu mets<br>il met<br>Ebenso: *promettre.* | nous mettons<br>vous mettez<br>ils mettent | j'ai mis | je mettais |
| plaire | je plais<br>tu plais<br>il plaît | nous plaisons<br>vous plaisez<br>ils plaisent | j'ai plu | je plaisais |
| pleuvoir | il pleut | | il a plu | il pleuvait |
| pouvoir | je peux<br>tu peux<br>il peut | nous pouvons<br>vous pouvez<br>ils peuvent | j'ai pu | je pouvais |

| Infinitiv | Präsens | | *passé composé* | *imparfait* |
|---|---|---|---|---|
| recevoir | je reçois<br>tu reçois<br>il reçoit | nous recevons<br>vous recevez<br>ils reçoivent | j'ai reçu | je recevais |
| rire | je ris<br>tu ris<br>il rit | nous rions<br>vous riez<br>ils rient | j'ai ri | je riais |
| savoir | je sais<br>tu sais<br>il sait | nous savons<br>vous savez<br>ils savent | j'ai su | je savais |
| vivre | je vis<br>tu vis<br>il vit | nous vivons<br>vous vivez<br>ils vivent | j'ai vécu | je vivais |
| voir | je vois<br>tu vois<br>il voit | nous voyons<br>vous voyez<br>ils voient | j'ai vu | je voyais |
| vouloir | je veux<br>tu veux<br>il veut | nous voulons<br>vous voulez<br>ils veulent | j'ai voulu | je voulais |

# Lösungen

## … rund ums Nomen

**Aufgabe 1** [1]la; [2]en; [3]au; [4]du; [5]en; [6]aux; [7]Aux/Des; [8]en; [9]D'; [10]en; [11]D'; [12]en; [13]À; [14]en; [15]L'; [16]en; [17]d'; [18]en; [19]de/en; [20]d'/en; [21]en; [22]en

**Aufgabe 2** [1]d'; [2] –; [3]en; [4] –; [5]en; [6]en; [7] –; [8] –; [9]l'; [10]la; [11]en; [12]en; [13]aux; [14]aux; [15]les; [16]le; [17]au; [18]aux; [19]l'; [20]en; [21]–; [22] –; [23] –

**Aufgabe 3**

a) de la limonade
b) du jus d'oranges
c) du coca
d) de l'eau minérale
e) du café
f) du pain
g) de la confiture
h) du thé
i) du gâteau
j) du chocolat

**Aufgabe 4**

a) du, du
b) des
c) de la, de la
d) des, de l', de la, du, du
e) de l', du, de la
f) les, –, les

**Aufgabe 5** [1]de la; [2]du; [3]–; [4]de la; [5]du; [6]des; [7]des; [8]du; [9]du; [10]les; [11]la; [12]des; [13]du; [14]des; [15]du; [16]le; [17]le; [18]du

**Aufgabe 6** [1]direktes Objekt; [2]direktes Objekt; [3]indirektes Objekt; [4]indirektes Objekt; [5]indirektes Objektpronomen; [6]direktes Objekt; [7]indirektes Objektpronomen; [8]direktes Objekt; [9]direktes Objektpronomen; [10]direktes Objekt; [11]indirektes Objektpronomen; [12]indirektes Objektpronomen; [13]direktes Objektpronomen; [14]direktes Objekt; [15]indirektes Objektpronomen; [16]direktes Objekt; [17]Possessivbegleiter; [18]indirektes Objekt; [19]direktes Objekt; [20]direktes Objektpronomen; [21]indirektes Objektpronomen; [22]direktes Objektpronomen

**Aufgabe 7**

a) Oui, ça me plaît.
b) Oui, ça me plaît.
c) Oui, ça nous plaît.
d) nous
e) Non, ça ne me plaît pas.
f) lui
g) Oui, ça lui plaît.
h) lui
i) Non, ça ne lui plaît pas.
j) Oui, ça leur plaît.

**Aufgabe 8**

[1]lui; [2]lui; [3]lui; [4]vous; [5]nous; [6]me; [7]t'; [8]leur; [9]lui; [10]leur; [11]nous

**Aufgabe 9**

a) Attendez, je vous ouvre la porte.
b) Je **te** montre la ville. / Je **vous** montre la ville.
c) Je **vous** écris une liste.
d) Je **te** fais un thé.
e) Je **lui** demande des renseignements.
f) Le vendeur **me** recommande ce livre
g) La voisine **nous** a donné/**leur** donne des bonbons.
h) Le vendeur **lui** offre une glace.
i) Je vais **leur** dire qu'il faut arrêter la musique.

**Aufgabe 10**

[1]leurs; [2]leurs; [3]leur; [4]leur; [5]leurs; [6]leurs; [7]leurs; [8]leur; [9]leurs; [10]leur; [11]leur; [12]leur; [13]leurs; [14]leur; [15]leur; [16]leurs

**Aufgabe 11**

*Lösungsvorschlag:*

Salut

Betreff: Salut

Chère maman, cher papa,

nous voilà en France, Stefan et moi. La famille française est très gentille et tout va bien. Il y a des différences entre l'Allemagne et la France. Les lits, par exemple, sont différents. Stefan et moi, nous avons oublié nos pyjamas, mais la mère d'Antoine et de Fabienne nous a donné un pyjama. Nous avons mis nos vêtements dans une grande armoire et le soir nous sommes allés voir le grand-père. Il est très gentil et raconte souvent des histoires de guerre. Il nous a offert un apéritif, un jus d'orange.
Le repas était très bon. On a mangé beaucoup de baguette et une quiche lorraine.
Maintenant je vais au lit.

Je vous embrasse,
Tamara

**Aufgabe 12** [1]n'en prends; [2]en prends; [3]n'en prends; [4]en prends; [5]N'en prends; [6]en prends

**Aufgabe 13**

a) n'y va pas
b) n'y achète pas
c) n'y pense pas
d) y entre
e) y achète
f) n'y va pas
g) y est

**Aufgabe 14** [1]j'y; [2]j'en; [3]j'en achète; [4]j'y; [5]j'y accompagne; [6]j'y vais; [7]y; [8]j'en achète; [9]j'en achète deux; [10]j'y; [11]j'en achète; [12]en; [13]J'en; [14]en; [15]j'en achète une

**Aufgabe 15** [1]en; [2]y; [3]en; [4]y; [5]en; [6]en; [7]en; [8]y; [9]en; [10]y; [11]en; [12]en; [13]en; [14]en; [15]y; [16]y; [17]en

**Aufgabe 16**

a) toi
b) moi, elle
c) elles
d) eux
e) elle, moi
f) elles, nous
g) toi
h) toi

**Aufgabe 17** [1]moi; [2]elle; [3]moi; [4]nous; [5]lui; [6]lui; [7]toi; [8]moi; [9]eux/elle; [10]lui; [11]vous; [12]moi; [13]eux; [14]vous

**Aufgabe 18***

a) y
b) le
c) lui
d) lui
e) leur
f) en, en
g) en
h) y
i) elle
j) t'/lui/vous
k) lui
l) en, en
m) y
n) les
o) en, en
p) y, en, l'
q) lui

**Aufgabe 19**

a) Ouvre-moi la porte, s'il te plaît.
b) Ne te lève pas après huit heures.
c) Apporte-lui ce sandwich.
d) Offre-lui du gâteau et quelque chose à boire.
e) Ne l'écoutez pas dans la cuisine.
f) Téléphone-leur ce soir.
g) Écris-lui après le repas.
h) Achète-la chez le boulanger Divine.
i) Ne l'achète pas au supermarché.
j) Ne vous couchez pas trop tard.
k) Donne-la à ton oncle et lis un livre.
l) Mets-les à la poubelle tout de suite.

**Aufgabe 20**

a) donne-moi
b) ne me donne pas
c) apporte-moi
d) ne m'apporte pas
e) téléphone-leur
f) offre-leur
g) mets-les
h) cherche-le
i) ferme-la
j) aide-moi
k) ouvre-la
l) ne m'ouvre pas
m) mettez-vous
n) lisez-moi
o) ne vous mettez pas
p) levez-vous
q) offre-les
r) ne restez pas
s) promenez-vous
t) amusez-vous

**Aufgabe 21**

a) cette
b) cet
c) cette
d) cet
e) ces
f) ce
g) cet
h) cette
i) cette
j) ces
k) ces
l) ces
m) cette
n) ce
o) cette
p) ce
q) cette
r) cet
s) cette
t) ce

**Aufgabe 22**

[1]ce; [2]cette; [3]ce; [4]ce; [5]cette; [6]ces; [7]ce; [8]ces; [9]ce; [10]cette; [11]ce; [12]cette

ufgabe 23

C'est un garçon **intéressant**
les **grands** garçons
une **belle** voiture **rouge**
une **jolie** moto **verte**
son **petit** chien
un chien **allemand**
un perroquet **italien**
le **nouveau** prof
un **beau** prof
un **vieux** prof
ces cahiers **bleus**
ses **grands** yeux **bleus**
le **jeune** assistant **allemand**
un **jeune** homme **intéressant**
une **jolie petite** amie

ufgabe 24

a) une voiture **bleue**
b) une **jolie** femme
c) une maison **intéressante**
d) un groupe **allemand**
e) une **petite** fille
f) des citrons **jaunes**
g) des pommes **vertes**
h) un **petit** chien
i) une **grande** souris
j) des fruits **intéressants**

ufgabe 25

a) vieux
b) violette
c) bleue
d) orange
e) chers
f) nouveau
g) bel
h) orange
i) gris
j) belle
k) blanche
l) violette
m) gentil
n) belle
o) vieilles et grises
p) vieille

Aufgabe 26
a) bel, vieil
b) nouvelle, vieille
c) blanc, rouge
d) violette, belle, vieille, grise
e) jolie, heureuse, jeune
f) chères, chers
g) belle, orange, chère
h) gentilles, modestes
i) belle, sale
j) violet, vieux

Aufgabe 27
[1]belle; [2]super; [3]bleu; [4]verts; [5]jolies; [6]vieux; [7]vieille; [8]orange; [9]beaux; [10]vieux; [11]grises; [12]extra; [13]blancs; [14]belle; [15]blancs; [16]vieilles; [17]vieux; [18]vieilles; [19]jeunes; [20]gentils; [21]heureux; [22]belle; [23]violet; [24]violette; [25]grands; [26]intéressant; [27]belle; [28]jolie; [29]vieux

Aufgabe 28
a) La Tour Eiffel **est plus haute que** la Grande Arche.
b) La Grande Arche **est moins haute** que la Tour Montparnasse.
c) La Tour Montparnasse **est plus haute** que le Parlement européen.
d) La Grande Arche **est plus haute** que le Parlement européen.
e) Le Parlement européen **est moins haut** que la Tour Montparnasse.
f) La Tour Montparnasse **est moins haute** que la Tour Eiffel.

Le Parlement européen **est moins haut** que la Tour Eiffel. /
La Tour Eiffel **est plus haute** que le Parlement européen.
La Tour Eiffel **est le bâtiment le plus haut**.
Le Parlement européen **est le bâtiment le moins haut**.

Aufgabe 29
a) M. Lemarc **est plus gros** que M. Tartan.
b) Bernard **est moins sportif** que Michel.
c) Sandrine **est aussi intelligente** que Silvie.
d) Les oranges **sont aussi chères** que les pommes.
e) La maison **est moins grande** que l'immeuble.
f) La souris **est plus petite** que le perroquet.
g) Londres **est aussi intéressant** que Paris.
h) Stéphanie **est moins heureuse** que Roland.
i) Mme Mont **est plus vieille** que Laurent.
j) La nouvelle église **est plus belle** que la vieille église.

ufgabe 30

a) Oui, c'est vrai, c'est **le jardin le plus beau** ici.
b) Oui, c'est vrai, c'est **le restaurant le plus petit** ici.
c) Oui, c'est vrai, c'est **la dame la plus élégante** ici.
d) Oui, c'est vrai, c'est **le chien le plus gentil** ici.
e) Oui, c'est vrai, ce sont **les garçons les plus bêtes** de notre classe.
f) Oui, c'est vrai, c'est **l'arbre le plus vieux** ici.
g) Oui, c'est vrai, ce sont **les vendeuses les plus gentilles** de ce magasin.
h) Oui, c'est vrai, c'est **le garçon le plus intelligent** de notre classe.
i) Oui, c'est vrai, ce sont **les aubergines les plus grosses** du marché.
j) Oui, c'est vrai, c'est **le comédien le plus drôle** de France.
k) Oui, c'est vrai, c'est **la tour la plus haute** ici.

ufgabe 31*

a) Sophie **est moins bonne** en biologie que Muriel.
b) Marc **est le meilleur** en allemand.
c) Marc **est meilleur** en géographie que Muriel.
d) Sébastien **est aussi bon** en géographie que Marc.
e) Sophie **est meilleure** en maths que Marc.
f) Marc **est aussi bon** en histoire que Sophie.
g) Muriel **est la meilleure** en histoire.
h) Sophie **est aussi bonne** en maths que Muriel.
i) Muriel **est la moins bonne** en allemand.
j) Sébastien **est moins bon** en histoire que Muriel.
k) Sophie **est moins bonne** en biologie que Marc.
l) Muriel **est meilleure** en biologie que Marc.
m) Sophie **est la moins bonne** en géographie.

ufgabe 32 *Lösungsbeispiel:*

Tu es un élève ? Tu as beaucoup de travail ? Tu n'aimes pas les devoirs mais tu aimes le sport, les boums et les copains ?
Nous pouvons t'aider ! Achète le nouvel ordinateur « Mimi » et tu n'auras plus de problèmes ! « Mimi » fera tous les devoirs pour toi. Raconte-lui quels sont tes devoirs - et quitte ta chambre. Amuse-toi, fais du sport, gagne un peu d'argent. Quand tu rentres le soir « Mimi » a tout fait. Tes profs seront heureux, tu auras de bonnes notes. « Mimi », c'est le meilleur ordinateur en France.

## … rund ums Verb

**Aufgabe 33**

| | | |
|---|---|---|
| je | TRAVAILLE | T |
| vous | PRENEZ | R |
| il | ACHÈTE | È |
| tu | RENDS | S |
| nous | BUVONS | B |
| je | LIS | I |
| nous | SOMMES | E |
| ils | VONT | N |
| ils | FONT | F |
| nous | MANGEONS | A |
| vous | DITES | I |
| ils | METTENT | T |

*Lösungswort:* très bien fait

**Aufgabe 34**

| -é | -u | -i | unregelmäßige Form |
|---|---|---|---|
| regardé | répondu | fini | offert |
| mangé | perdu | dormi | eu |
| commencé | descendu | sorti | vu |
| acheté | rendu | parti | été |
| tombé | attendu | senti | cru |

**Aufgabe 35** [1]eu; [2]mangé; [3]préparé; [4]arrivé; [5]entré; [6]crié; [7]ouvert; [8]parti; [9]travaillé; [10]dit; [11]oublié; [12] eu

ufgabe 36 [1]dormons; [2]sors; [3]vient; [4]offre; [5]sortons; [6]courons; [7]offre; [8]venez; [9]réfléchit; [10]choisit; [11]réussit; [12]réagissons; [13]viennent; [14]sors; [15]réfléchis; [16]réagis; [17]choisit; [18]réagissent; [19]finissons; [20]viennent

ufgabe 37 [1]dors; [2]sort; [3]finit; [4]part; [5]offre; [6]viennent; [7]sortent; [8]courent; [9]écoutent; [10]continuent; [11]appellent; [12]mentent; [13]court; [14]restons; [15]offre; [16]sais; [17]vient; [18]venez

ufgabe 38

a) Mes grands-parents vivent en Normandie. La Normandie plaît aussi beaucoup à Philippe et moi.
b) Grand-père connaît bien Rouen. Il reçoit les touristes Place du Vieux Marché.
c) Grand-mère rit beaucoup. Elle envoie souvent des lettres à maman.
d) Papa construit une petite maison dans le jardin pour les grands-parents.
e) Là, grand-mère conduit une Renault. Elle veut aller au supermarché à Rouen.
f) Voilà Philippe et papa. Ils paient des pommes. Ils veulent faire du calvados.
g) Là, nous voulons visiter le Mont-Saint-Michel. Grand-mère conduit sa Renault.
h) A midi, nous faisons un pique-nique dans la forêt. Les grands-parents connaissent bien la forêt.

ufgabe 39 [1]se trouvent; [2]s'arrêtent; [3]se reposent; [4]s'adressent; [5]nous demandons; [6]se trouve; [7]m'intéresse; [8]s'intéresse; [9]m'intéresse; [10]vous trouvez

ufgabe 40

a) A huit heures, Patricia Kaas se lève.
b) A huit heures et quart, elle se lave les cheveux.
c) A huit heures et demie elle s'habille.
d) A neuf heures Patricia et une amie se mettent à table dans un hôtel.
e) A dix heures elle s'inquiète parce qu'elle va arriver trop tard au studio.
f) A dix heures et quart elle s'excuse, puis elle enregistre sa nouvelle chanson.
g) A une heure Patricia Kaas se met à table pour le repas.
h) A trois heures elle se trouve dans un restaurant rapide. Elle donne des autographes.
i) A sept heures elle se sent fatiguée. Elle se repose.

j) A huit heures elle s'adresse à ses fans dans un concert.
k) Après le concert elle se sent très bien.
l) Elle prend une douche et puis elle se couche.

Aufgabe 41 [1]sachez; [2]soyez; [3]quittez; [4]faites; [5]ayez; [6]travaillez; [7]veuillez; [8]informez; [9]courez; [10]appelez; [11]riez; [12]buvez; [13]dites; [14]passe; [15]veuillez

Aufgabe 42
1. a, c, d, g, j, n
2. a, f, i, l, m, p
3. b, e, f, h, j, k, o

Aufgabe 43
a) … il faut une grande voiture.
b) … il faut une petite maison.
c) … il me faut beaucoup de livres intéressants.
d) … il te faut du soleil et une plage.
e) … il nous faut un bon restaurant.
f) … il faut acheter des choses au supermarché.
g) … il faut trouver des amis.
h) … il ne faut pas beaucoup de vêtements.
i) … il ne faut pas avoir peur de l'eau.
j) … il te faut un matelas pneumatique.
k) … il nous faut manger beaucoup de glace.
l) … il ne faut pas travailler pour l'école à la plage.
m) … il nous faut un peu d'argent.
n) … il faut acheter du fromage au marché.
o) … il te faut un petit bateau.
p) … il me faut un journal et des bonbons.

Aufgabe 44 [1]a construit; [2]on a commencé; [3]Eiffel est venu; [4]les Français ont construit; [5]la France a célébré; [6]l'Exposition Universelle a ouvert; [7]beaucoup de gens sont venus; [8]on a voulu; [9]on a choisi; [10]Eiffel a appelé; [11]les gens ont appelé; [12]ce nom est devenu; [13]les visiteurs sont venus; [14]la Tour Eiffel est devenue; [15]j'ai vu

**ufgabe 45**

| | | | | | | | | | | | | | | |
|---|---|---|---|---|---|---|---|---|---|---|---|---|---|---|
| | | | | | | a | | | | | | | | |
| | | | | | | l | | | | | m | | | |
| | | | f | a | l | l | u | | | | o | | | |
| | | | a | | | é | | | | | n | | | l |
| f | i | n | i | | | | | | | | t | e | n | u |
| | | | t | r | a | v | a | i | l | l | é | | | |
| | | | | | | | r | | | | e | | | |
| | | r | e | t | o | u | r | n | é | s | | | | |
| | | | | | | | i | | t | | | | | |
| | | p | | | | | v | | é | c | r | i | t | |
| | | a | c | h | e | t | é | | | | | | | |
| | | y | | | u | | | | | | | | | |
| | | é | | | | | | | | | | | | |

**ufgabe 46** [1]**ai** visité; [2]**suis** monté; [3]**suis** allé; [4]**ai** fait; [5]**ai** vu; [6]**ai** rencontré; [7]**avons** pris; [8]**est** venu; [9]**a** raconté; [10]**a** construit; [11]**ont** offert; [12]**a** travaillé; [13]**a** fini; [14]**a** transporté; [15]**est** arrivée; [16]**a** trouvé

**ufgabe 47** [1]j'ai acheté; [2]je suis partie; [3]je suis rentrée; [4]est resté; [5]a décoré; [6]ont préparé; [7]avons mis; [8]a fait; [9]est descendu; [10]avons pris; [11]sommes montés; [12]est descendu; [13]a mis; [14]sommes descendus; [15]est allée; [16]avons pris; [17]a chanté; [18]a joué

**ufgabe 48**

a) Mais monsieur, je n'ai pas parlé avec ma voisine.
b) Mais monsieur, je n'ai pas écrit dans mes livres.
c) Mais monsieur, je ne suis pas montée sur la table.
d) Mais monsieur, je n'ai pas mangé pendant le cours.
e) Mais monsieur, je n'ai pas téléphoné avec mon portable.
f) Mais monsieur, je n'ai pas lu cette bande dessinée.
g) Mais monsieur, je ne suis pas allée à la cantine et je ne suis pas arrivée en retard.
h) Mais monsieur, je n'ai pas fumé.
i) Mais monsieur, je n'ai pas dormi.

j) Mais monsieur, je n'ai pas écrit de lettre à ma voisine.
k) Mais monsieur, je n'ai pas regardé par la fenêtre.
l) Mais monsieur, je n'ai pas fait de bruit.

Aufgabe 49
a) Toute la famille est venue.
b) J'ai fait la bise à tout le monde./On a fait la bise à tout le monde.
c) Tout le monde a pris l'apéritif./On a tous pris l'apéritif.
On a bu beaucoup de vin.
d) On a beaucoup mangé.
e) On a mangé pendant des heures.
f) On a servi de la baguette avec tout.
g) Nous avons dansé./Tout le monde a dansé./J'ai dansé.
h) Nous avons joué aux boules./On a joué aux boules./J'ai joué aux boules.
i) Les gens ont parlé très vite. Ils ont tous parlé en même temps.
j) On est resté/nous sommes restés jusqu'à minuit.
k) On a encore fait la bise à tout le monde pour dire « au revoir ».

Aufgabe 50
a) A huit heures, Patricia Kaas s'est levée.
b) A huit heures et quart, elle s'est lavé les cheveux.
c) A huit heures et demie elle s'est habillée.
d) A neuf heures Patricia et une amie se sont mises à table dans un hôtel.
e) A dix heures elle s'est inquiétée parce qu'elle allait arriver trop tard au studio.
f) A dix heures et quart elle s'est excusée, puis elle a enregistré sa nouvelle chanson.
g) A une heure elle s'est mise à table pour le repas.
h) A trois heures elle s'est trouvée dans un restaurant rapide. Elle a donné des autographes.
i) A sept heures Patricia s'est sentie fatiguée. Elle s'est reposée.
j) A huit heures elle s'est adressée à ses fans dans un concert.
k) Après le concert, elle s'est sentie très bien.
l) Elle a pris une douche et puis elle s'est couchée.

Aufgabe 51
[1]me suis levée; [2]me suis lavée; [3]me suis lavé; [4]s'est réveillée; [5]nous sommes habillées; [6]nous sommes mises; [7]me suis inquiétée; [8]me suis excusée; [9]nous sommes arrêtées; [10]me suis inquiétée; [11]nous sommes trouvées; [12]me suis mise; [13]me suis demandée; [14]s'est adressé; [15]me suis demandée; [16]s'est très bien passé ; [17]nous sommes reposés

Aufgabe 52 *Beispiele:*

| la maison | l'école | les vacances |
|---|---|---|
| la chambre | le professeur | la mer |
| l'architecte (m.) | l'adolescent (m.) | l'argent de poche (m.) |
| l'ascenseur (m.) | l'avis (m.) | le bateau |
| l'appartement (m.) | la bêtise | le bord de la mer |
| le bâtiment | la cantine | la plage |
| la cuisine | le cahier | la boum |
| la salle de séjour | la classe | le bus |
| la salle de bains | le collège | le camping |
| le jardin | le contrôle | la carte postale |
| la table | le cours | le poisson |
| la chaise | la cour | la glace |
| la tasse | le stylo | le soleil |
| l'escalier (m.) | la note | le train |
| le fauteuil | le devoir | le jeu |

Aufgabe 53 [1]a écrit; [2]a fait; [3]a lu; [4]a trouvé; [5]s'est décidé; [6]a appris; [7]n'a plus arrêté; [8]a créé; [9]ne sont jamais devenus; [10]est venu; [11]a rencontré; [12]ont travaillé; [13]a écrit; [14]a fait; [15]ont créé; [16]est vite devenue; [17]se sont intéressés; [18]a écrit; [19]ne s'est pas reposé; [20]a continué; [21]a fait; [22]a vendu; [23]a même fait

Aufgabe 54 [1]tu étais; [2]tu attendais; [3]tu portais; [4]tu regardais; [5]tu avais; [6]tu fumais; [7]tu étais; [8]j'attendais; [9]j'étais; [10]je voulais; [11]je ne l'osais pas; [12]je savais

Aufgabe 55 [1]habitions; [2]levais; [3]prenais; [4]sortaient; [5]travaillais; [6]travaillais; [7]fallait; [8]pouvais; [9]connaissions; [10]jouais; [11]faisais; [12]était

Aufgabe 56 [1]a passé; [2]était; [3]aimait; [4]a quitté; [5]a commencé; [6]était; [7]parlait; [8]comprenait; [9]parlait; [10]essayait; [11]a trouvé; [12]était; [13]a déménagé; [14]est entré; [15]avait; [16]travaillait; [17]apprenait; [18]aimaient; [19]était; [20]est entré; [21]avait; [22]a aidé; [23]sont devenus

Aufgabe 57 Mercredi dernier j'ai fait une petite promenade avec Rufus, mon chien. Nous sommes allés à la boulangerie de Mme Jolie, puis nous sommes allés au supermarché pour acheter du fromage. Tout à coup j'ai vu un voleur qui mettait quelque chose dans son sac. J'ai crié très fort mais le voleur n'a pas réagi ! Quelque temps après il a voulu sortir, alors j'ai pris un appareil photo qu'ils vendent au supermarché et j'ai pris une photo de l'homme. Alors un détective du supermarché est venu et il a dit : « Tu as volé l'appareil photo ! » J'ai dit : « Mais non. J'ai vu un voleur et il a quitté le supermarché. Donc j'ai pris l'appareil pour avoir une photo du voleur. » Le détective a alors regardé la photo et il a été très surpris. Il connaissait le voleur ! Sur la photo on pouvait voir M. Talmanier, le chef du supermarché qui mettait un petit ordinateur dans son sac.

Aufgabe 58 *Beispiele für mögliche Sätze:*

En 1985, à 13 ans, Vanessa Paradis sortait/a sorti son premier tube. C'était *Joe le taxi.* Après, elle est retournée à l'école.

En 1989 le chanteur Serge Gainsbourg a écrit des chansons pour elle. Cela a été un succès.

En 1990 elle a fait son premier film, *Noce Blanche*, et cela a été aussi un grand succès.

En 1992 elle a commencé à travailler avec Lenny Kravitz. Depuis ce jour elle a chanté en anglais et elle est devenue célèbre.

En 1993 elle a fait sa première tounée. Cela a été un triomphe. Les fans adoraient la jeune femme.

En 1995 elle a rencontré Gérard Depardieu. Ils ont tourné ensemble le film *Elisa.*

En 1999 elle a mis au monde son premier enfant. Le père était Johnny Depp.

En 2001 elle a commencé une grande tournée dans toute la France. Elle a terminée cette tournée à Montréal au Canada.

En 2004 elle a chanté en duo avec Charles Aznavour. Il fêtait son $80^{e}$ anniversaire ce jour-là.

**Aufgabe 59*** [1]a été; [2]a changé; [3]était; [4]était; [5]dormait; [6]disait; [7]était; [8]a donné; [9]ont suivi; [10]ont gagné; [11]sont même entrés; [12]adoraient; [13]était; [14]essayait; [15]a voulu; [16]n'a pas réussi; [17]a été; [18]a mis; [19]aimaient; [20]était; [21]est devenu

**Aufgabe 60** [1]il avait pris; [2]il avait rencontré; [3]il avait discuté; [4]il avait parlé; [5]il avait écrit; [6]il avait reçu; [7]avait montré; [8]était allé; [9]il avait bu; [10]il avait mangé

**Aufgabe 61** *Beispiele für mögliche Sätze:*

Ses livres étaient partis.
Le chien était parti par la fenêtre.
On avait dessiné sur ses cahiers.
On avait bu sa limonade.
On avait mangé son chocolat.
On avait fait ses devoirs.
On avait volé ses bonbons.
On avait dormi dans son lit. / On s'était mis dans son lit.
On avait joué avec son avion. / On avait mis son avion sur le lit.
On avait ouvert la fenêtre.
La voiture était tombée sur la chaise.

**Aufgabe 62*** [1]sont retournés; [2]avez vu; [3]dansions; [4]regardait; [5]avait préparé; [6]avait acheté; [7]avait apporté; [8]avais décoré; [9]étaient venus; [10]dansais; [11]a ouvert; [12]a arrêté; [13]a mis; [14]a ouvert; [15]sommes partis; [16]étaient; [17]n'avais rien dit; [18]ont rigolé; [19]a raconté; [20]avait fait; [21]était

**Aufgabe 63** *Lösungsvorschlag:*

Mercredi, 2 août :
Nous sommes partis de Hannover à cinq heures du matin. C'était difficile de *se lever ! Nous sommes retournés deux fois à la maison, parce que maman avait oublié quelque chose.
Le voyage était très, très long. Nous sommes arrivés en Bretagne dans l'après-midi. Notre maison est très belle. Elle est au bord de la mer.

Jeudi, 3 août :
Je suis allé à la plage cet après-midi. La mer est extra ! Il y a d'autres garçons de mon âge. J'ai un peu parlé à Frédéric, un garçon de Bordeaux. Il est gentil.

Vendredi, 4 août :
On a visité le Mont-Saint-Michel, un vieux château avec une belle église. C'était très intéressant, mais il y avait trop de touristes.

Samedi, 5 août :
Je suis allé à la plage avec Frédéric. Quelquefois, on parle français, quelquefois on parle anglais. Frédéric apprend l'anglais et l'espagnol à l'école, il ne parle pas allemand.
En France, les élèves apprennent plus l'anglais ou l'espagnol que l'allemand. Ils pensent que l'allemand est trop difficile. C'est dommage ! Frédéric veut maintenant apprendre l'allemand et venir me voir à Hannover. Et je vais aller le voir à Bordeaux.

Aufgabe 64 [1]petit (Adj.); [2]grand (Adj.); [3]ensemble (Adv.); [4]toujours (Adv.); [5]gentils (Adj.); [6]forts (Adj.); [7]souvent (Adv.); [8]grande (Adj.); [9]jamais (Adv.); [10]vieux (Adj.); [11]avant (Adv.); [12]grands (Adj.); [13]importants (Adj.); [14]premier (Adj.)

Aufgabe 65

a) trop
b) hier
c) ensemble
d) demain
e) longtemps
f) toujours
g) partout
h) tôt
i) vite, beaucoup
j) maintenant

Aufgabe 66

a) Aujourd'hui, nous allons préparer notre visite en France.
b) Ici, il y a des prospectus sur Strasbourg.
c) Maintenant, vous cherchez des informations sur Strasbourg.
d) Mélanie et Stéphane, vous travaillez ensemble.
e) Maintenant, prenez vite vos cahiers.
f) Là-bas, à Strasbourg, il y a souvent des marchés.
g) Demain Stéphane va nous parler de La Petite France. /
Stéphane va nous parler de La Petite France demain.
h) Il y a des informations partout. / Partout il y a des informations.
Vous pouvez aussi trouver beaucoup d'informations sur Internet.

i) Hier, j'ai téléphoné à un ami de Strasbourg. / J'ai téléphoné à un ami de Strasbourg hier.
j) Il dit que Strasbourg est très intéressant.

Aufgabe 67 [1]vraiment; [2]joliment; [3]directement; [4]gentiment; [5]normalement; [6]facilement; [7]activement; [8]intelligemment; [9]énormément; [10]longuement; [11]dangereuses; [12]complètement

Aufgabe 68 [1]vite; [2]hier; [3]méchamment; [4]directement; [5]vraiment; [6]normalement; [7]énormément; [8]difficilement; [9]intelligemment; [10]intelligent; [11]contente; [12]énormément; [13]beaucoup; [14]difficilement; [15]sûrement; [16]joli; [17]vite; [18]terriblement; [19]gentiment; [20]gentille; [21]amusant

Aufgabe 69 *Lösungsbeispiele:*
Jean saute aussi loin que René.
Marc court le plus vite.
Larissa court moins vite que Patricia.
Soraya court le plus lentement.
Karima saute plus haut que Séverine.
Marcel saute moins haut qu'Attilo.
L'équipe « les supermen » joue mieux que l'équipe « les stars ».
L'équipe « les supermen » joue le mieux.
L'équipe « les stars » joue plus mal que « les supermen », mais elle joue mieux que « les sportifs ».

Aufgabe 70
a) Jeanne court plus vite que Bernard.
b) Simone se lève moins tôt que sa mère. Son père se lève le plus tôt.
c) Mathieu va moins souvent au cinéma que Bastien.
d) M. Lupin mange plus tard le soir que Mme Lupin.
e) Sophie chante mieux que Chantal. Sophie chante le mieux de sa classe.
f) Fabien mange beaucoup plus que Sébastien. Laurent mange le plus des trois.
g) Lucile joue plus mal au foot qu'Estéphane. Yves joue le plus mal.
h) M. Leroc a moins dormi la nuit dernière que Mme Leroc. Leur fille Dominique a dormi le moins …

Aufgabe 71

a)
- Allô? Ici Mareike. C'est toi Sabine ?
- Ah, bonjour Mareike. Ça va ?
- Merci bien. Et toi ?
- Je vais bien aussi.
- Ecoute, j'ai des problèmes avec les devoirs d'allemand. Est-ce que tu peux m'aider ?
- Oui, bien sûr. Tu viens chez moi ?
- D'accord. A bientôt, donc.
- A bientôt.

b)
- Ici la FNAC, bonjour.
- Bonjour, madame. Je voudrais parler a monsieur Schmitt, s'il vous plaît.
- C'est de la part de qui ?
- Sabine Schmitt, sa fille.
- Ne quittez pas. Je vous le passe.
- Merci.

## … rund um den Satz

Aufgabe 72

1 g Un stylo, c'est un instrument qu'on prend pour écrire.
2 d Un professeur, c'est une personne qui travaille à l'école.
3 j Une *piscine, c'est un endroit où on peut nager et jouer dans l'eau.
4 b Un programmeur, c'est une personne qui travaille avec l'ordinateur.
5 h Une mère, c'est une femme qui a un fils ou une fille.
6 i Une souris, c'est un animal qui est petit et gris.
7 c Une pharmacie, c'est un magasin où on va pour acheter des médicaments.
8 e Le pain, c'est une chose qu'on achète dans une boulangerie.
9 a Paris, c'est une ville où vont beaucoup de touristes.
10 f Le fauteuil, c'est un meuble qu'on trouve dans la salle de séjour.

Aufgabe 73

[1]où; [2]qui; [3]que; [4]qui; [5]qui; [6]qu'; [7]qui; [8]qui; [9]qu'; [10]où; [11]qui; [12]qui

Aufgabe 74

a) Voilà le café où les garçons portent des vêtements très élégants.
b) Voilà une actrice qui fume une cigarette.
c) Voilà un monsieur que le garçon n'a pas vu.
d) Je vois une mère avec son enfant qui mangent des croissants.

e) Voilà une table où beaucoup d'écrivains ont déjà été assis.
f) Regarde cette chaise bleue que ton père aime beaucoup.
g) Là-bas il y a les journaux que tout le monde ici peut lire.
h) En arrière il y a même une petite librairie que les gens aiment beaucoup.
i) Dans cette librairie, il y a des milliers de livres qui intéressent beaucoup de gens.
j) Regarde ce garçon qui apporte un café au lait pour toi.
k) C'est un café excellent où les croissants sont meilleurs que dans le café à côté.
l) Aujourd'hui il y a toujours des cercles littéraires qui se rencontrent dans ce café tous les mardis.
m) Papa va souvent dans ce café où il peut bien travailler.
n) Regarde les photos aux murs qui montrent des écrivains et des chanteurs.
o) Là-bas tu vois le barman qui travaille ici depuis trente ans.
p) La dame sur cette photo est Edith Piaf, la chanteuse que ton grand-père a rencontrée à Paris en 1935.

**Aufgabe 75**

a) que
b) qui
c) qui
d) que
e) que
f) qui
g) que
h) qui
i) qui

**Aufgabe 76**

a) **C'est** ton professeur de maths **qui** a téléphoné ?
b) **C'est** papa **qui** a acheté la limonade ?
c) **Ce sont** tes souris **qui** ont mangé la baguette ?
d) **Ce sont** tes cahiers **que** papa a mis à la poubelle ?
e) **Ce sont** tes vêtements **que** le bébé a jetés par terre ?
f) **C'est** ta montre **qui** est cassée ?
g) **Ce** sont tes chaussures **qui** sont sales ?
h) **C'est** le gâteau au chocolat **que** tu as préparé ?
i) **C'est** Luc **qui** a rangé la cuisine ?
j) **C'est** papa **qui** a fait une promenade avec le chien ?
k) **C'est** ta musique **que** papa n'aime pas ?

Aufgabe 77*

a) Voilà la famille **qui** habite à côté maintenant.
b) Regarde le perroquet **que** l'enfant sort de la voiture.
c) Voilà une souris **qui** mange de la baguette.
d) L'homme **qui** porte le carton est M. Leluc.
e) La femme **qui** parle à Jean-Paul est Mme Leluc.
f) Qui est la fille **que** je vois à côté de la voiture ?
g) C'est Lucile Lecluc **qui** a treize ans comme nous.
h) Est-ce que tu vois le carton dans **lequel/où** se trouve la guitare ?
i) Oui. C'est Lucile **qui** joue de la guitare.
j) Viens. Nous allons regarder la chambre **où** Lucile va bientôt dormir et travailler.
k) Je cherche maman **qui** veut sûrement aider les voisins.
l) J'ai des bonbons **que** nous pouvons manger là-bas.

Aufgabe 78

a) Il vient ?
Est-ce qu'il vient ?
Vient-il ?
b) Nous recevons M. Henry dans votre bureau ?
Est-ce que nous recevons M. Henry dans votre bureau ?
Recevons-nous M. Henry dans votre bureau ?
c) Vous offrez un apéritif à M. Henry ?
Est-ce que vous offrez un apéritif à M. Henry ?
Offrez-vous un apéritif à M. Henry ?
d) Elles préparent les autographes pour lui.
Est-ce qu'elles préparent les autographes pour lui ?
Préparent-elles les autographes pour lui ?
e) Tu apportes quelque chose à manger pour lui ?
Est-ce que tu apportes quelque chose à manger pour lui ?
Apportes-tu quelque chose à manger pour lui ?
f) Ils portent son sac ?
Est-ce qu'ils portent son sac ?
Portent-ils son sac ?
g) Il aime notre magasin ?
Est-ce qu'il aime notre magasin ?
Aime-t-il notre magasin ?
h) Elles sont déjà amoureuses de lui ?
Est-ce qu'elles sont déjà amoureuses de lui ?
Sont-elles déjà amoureuses de lui ?

i) On fait un petit tour pour lui montrer le magasin ?
Est-ce qu'on fait un petit tour pour lui montrer le magasin ?
Fait-on un petit tour pour lui montrer le magasin ?

j) Il peut s'asseoir ici pour donner les autographes ?
Est-ce qu'il peut s'asseoir ici pour donner les autographes ?
Peut-il s'asseoir ici pour donner les autographes ?

Aufgabe 79

a) Reste-t-il longtemps à Paris ?
b) Retourne-t-il en Angleterre après ?
c) A-t-il une petite amie ?
d) A-t-il déjà téléphoné ?
e) Vient-il seul ?
f) S'entendent-ils bien, mère et fils ?
g) Pouvez-vous me donner son numéro de téléphone ?
h) Pouvons-nous rencontrer Thierry Henry ?
i) Allons-nous avoir un autographe alors ?

Aufgabe 80

a) Parle-t-elle français ?
b) Est-elle intelligente ?
c) Vient-elle de Berlin ?
d) Est-elle jolie ?
e) Mange-t-elle de la choucroute tout le temps ?
f) A-t-elle des frères et des sœurs ?
g) Va-t-elle souvent au cinéma ?
h) A-t-elle une voiture ?
i) Aime-t-elle la musique ?

## Indirekte Rede und indirekte Frage

Aufgabe 81

a) M. Râleur dit qu'il n'y a plus de vin.
b) M. Râleur dit que le maire parle trop longtemps.
c) M. Râleur dit que les apéritifs sont trop chauds.
d) M. Râleur dit que le maire ne parle pas avec lui.
e) M. Râleur dit que la femme du maire ne sourit jamais.
f) M. Râleur dit qu'il n'y a rien à manger.
g) M. Râleur dit que les sandwichs ne sont pas bons.

h) M. Râleur dit qu'il fait froid parce que les fenêtres sont ouvertes.
i) M. Râleur dit que la salle est trop petite pour 50 personnes.
j) M. Râleur dit qu'ils ne connaissent personne.

**Aufgabe 82**

a) Aurélie dit bonjour.
b) Aurélie demande si tu es là.
c) Marie dit qu'elle ne peut pas aller au téléphone. Elle dit qu'elle est malade (... et qu'elle est malade.)
d) Aurélie dit que vous allez écrire une interrogation écrite aujourd'hui.
e) Marie dit qu'elle sait et qu'elle reste quand même à la maison.
f) Aurélie dit qu'elle va le dire au prof.
g) Marie dit que c'est gentil et qu'elle a mal à la tête.
h) Aurélie demande si tu (ne) viendras (pas) à la boum ce soir.
i) Marie demande de quelle boum tu parles.
j) Aurélie dit qu'il y aura une boum chez Fabien ce soir.
k) Marie dit qu'elle va à l'école et que ça va déjà mieux.

**Aufgabe 83**

a) Beate dit que le voyage a été très long.
b) Lutz dit qu'il a dormi tout le temps.
c) Mme Delmond demande si Philipp est content d'être enfin arrivé.
d) Tabea demande où est sa valise.
e) Dorothée explique que demain ils n'auront pas cours.
f) Valérie dit que sa mère les attend dans la voiture.
g) Hélène demande si Franka a dit <au revoir> à son prof.
h) M. Leroc dit qu'il a téléphoné aux parents de Lara.
i) Bérénice demande comment s'appelle le prof de Tobias.
j) Michel demande où est son père.
k) Laura dit que cette place est très belle.
l) Saskia dit qu'elle doit chercher le conducteur du car.
m) Daniela dit qu'elle ne veut pas rester.
n) Julia demande s'ils vont au cinéma ce soir.
o) Julie explique qu'elle a quatre chiens et deux chats.

**Aufgabe 84**

a) Mme Sentine demande si vous parlez français.
b) Mme Sentine demande si vous avez des problèmes.
c) Mme Sentine demande comment vous allez.

d) Mme Sentine demande si vous aimez les repas.
e) Mme Sentine demande si vos familles sont gentilles.
f) Mme Sentine demande si vous avez un dictionnaire.
g) Mme Sentine demande si vous dormez bien.
h) Mme Sentine demande qui prépare vos repas.
i) Mme Sentine demande où vous dormez.
j) Mme Sentine demande combien d'argent vous avez.

**Aufgabe 85** Il explique qu'ils ont déjà visité beaucoup de châteaux. Il dit qu'ils sont très beaux et très grands. Il avoue qu'il aime surtout Chambord et Blois, deux châteaux magnifiques. Il raconte qu'à Chambord un monsieur leur a expliqué comment on vivait au Moyen Age. Il demande si nous savons comment ils vivaient ? Il écrit qu'il nous a acheté un livre. Il dit que dans ce livre on nous explique tout.

Il demande comment nous allons. Il demande si André-Claude est toujours malade ? Il explique que grand-mère va très bien. Il raconte qu'elle préfère les châteaux d'Amboise et de Chenonceaux. Il explique qu'ils vont les visiter demain.

**Aufgabe 86**

a) Grand-père dit qu'il a toujours fait très beau.
Grand-mère dit qu'il y a eu beaucoup de pluie.
b) Grand-père dit qu'il aime tous les châteaux.
Grand-mère dit qu'Amboise et Chenonceaux sont beaux mais qu'elle n'aime pas le reste.
c) Grand-père dit que les hôtels sont très confortables.
Grand-mère dit que quelques hôtels sont vieux et trop chers.
d) Grand-père dit que les restaurants dans le pays de la Loire sont magnifiques.
Grand-mère dit qu'ils ont souvent mangé des sandwichs parce que les restaurants étaient trop chers.
e) Grand-père dit que les vacances sont toujours trop courtes.
Grand-mère dit qu'elle est contente d'être à la maison.

**Aufgabe 87**

a) Le journaliste demande ce qui s'est passé en 1954.
b) Le journaliste veut savoir ce que les journalistes ont dit.
c) Le journaliste lui demande ce que les gens ont donné aux pauvres en 1954.

d) Le journaliste demande qui l'a aidé le plus en 1954.
e) Le journaliste veut savoir ce qu'ils vendent à la communauté d'Emmaüs.
f) Le journaliste lui demande qui l'a aidé à organiser Emmaüs.
g) Le journaliste veut savoir ce qu'il a fait en 1994.
h) Le journaliste lui demande ce qui l'intéresse dans sa vie privée.
i) Le journaliste lui demande ce que l'Abbé propose aux jeunes d'aujourd'hui pour avoir une bonne vie.
j) Le journaliste demande ce qui a été le moment le plus important dans sa vie.

Aufgabe 88

a) Stéphane se demande ce qui se passe.
b) Stéphane se demande ce qu'il va faire maintenant.
c) Stéphane se demande qui il va voir le week-end.
d) Stéphane se demande qui sera avec lui pendant la semaine.
e) Stéphane se demande ce qu'il racontera à ses amis.
f) Stéphane se demande ce qui l'intéresse le plus, la vie avec papa (son père) ou la vie avec maman (sa mère).
g) Stéphane se demande qui lui donnera son argent de poche.
h) Stéphane se demande ce qu'il va faire avec son chien.
i) Stéphane se demande ce que sa sœur va faire.
j) Stéphane se demande ce qu'il va dire à papa (son père) pour expliquer qu'il veut vivre avec maman (sa mère).

Aufgabe 89*

a) L'Abbé Pierre explique ce qui s'est passé en 1954.
b) L'Abbé Pierre explique ce que les gens d'Emmaüs font.
c) L'Abbé Pierre raconte ce qui l'a aidé le plus.
d) Le journaliste explique ce qui l'intéresse.
e) L'Abbé Pierre raconte ce que les Français ont donné aux pauvres.
f) L'Abbé Pierre explique ce qu'il a dit aux gens en 1954.
g) L'Abbé Pierre raconte ce qu'il fait aujourd'hui.
h) L'Abbé Pierre explique ce qu'il fait quand les gens cherchent du travail.
i) Le journaliste demande ce que l'Abbé Pierre fait pendant son temps libre.
j) L'Abbé Pierre raconte ce qu'il propose aux chômeurs.
k) L'Abbé Pierre raconte ce qu'il a pensé et fait quand il était un jeune homme.

**Aufgabe 90**
a) Qui – L'équipe de France.
b) Qu' – C'est un légume.
c) Qui – C'est Edith Piaf.
d) Qu' – C'est la *peinture.
e) Qui – C'est Joséphine.
f) Qui – C'est Miraculix.
g) Qui – C'est Jacques Chirac, l'homme politique.

**Aufgabe 91**
a) qui
b) qu'
c) qui
d) qui
e) qu'
f) qui
g) qu'
h) qui
i) qui
j) qu'
k) qu'
l) qu'
m) qu'

**Aufgabe 92**
[1]que; [2]qui; [3]qui; [4]que; [5]que; [6]qui; [7]qui

**Aufgabe 93**
a) Qu'est-ce que tu préfères : la musique ou le sport ?
*Lösungsvorschlag: Je préfère la musique.*
b) Qui est-ce qui range ta chambre ? Toi ou tes parents ? – *Je range ma chambre (moi-même).*
c) Qu'est-ce qui t'intéresse à l'école ? – *La musique et l'anglais m'intéressent à l'école.*
d) Qui est-ce que tu préfères au football ? L'Olympique Lyon ou l'AS Monaco ? – *Je préfère l'Olympique Lyon.*
e) Qu'est-ce que tu manges le matin ? – *Je mange du pain ou un croissant.*
f) Qu'est-ce que tu vas faire ce week-end ? – *Je vais aller voir ma grand-mère.*
g) Qui est-ce qui travaille le plus, toi ou ton ami ? – *Moi, je travaille plus que mon ami. / C'est moi qui travaille le plus.*
h) Qu'est-ce que tu aimes mieux ? Le volley-ball ou le football ? – *J'aime mieux le volley-ball.*
i) Qui est-ce qui est le plus *sévère ? Ton père ou ta mère ? – *Ma mère est plus sévère que mon père. / C'est ma mère qui est la plus sévère.*
j) Qui est-ce que tu invites pour ton anniversaire ? Les amis ou la famille ? – *J'invite les deux, mes amis et ma famille.*

k) Qui est-ce qui t'énerve le plus ? Les profs ou les parents ? – *Les profs m'énervent plus que les parents.*
l) Qui est-ce que tu admires le plus ? Les stars du sport ou les stars de la musique ? – *J'admire plus les stars de la musique que les stars du sport. / Ce sont les stars de la musique que j'admire le plus.*
m) Qu'est-ce qui est le plus *ennuyeux ? L'école ou les devoirs ? – *Les devoirs sont plus ennuyeux que l'école. / Ce sont les devoirs qui sont le plus ennuyeux.*
n) Qu'est-ce que tu fais après l'école ? Tu fais tes devoirs, tu dors ou tu manges quelque chose ? – *Après l'école, je fais mes devoirs.*
o) Qui est-ce qui s'intéresse le plus à tes problèmes ? Ta mère ou ton père ? – *Ma mère s'intéresse plus à mes problèmes que mon père.*
p) Qu'est ce que tu fais quand tu as une mauvaise note ? – *Je parle à ma copine qui ensuite m'explique mes fautes.*
q) Qu'est-ce que tu préfères à la télé ? Les films français ou les films américains ? – *Je préfère les films français.*
r) Qui est-ce que tu préfères pour t'*accompagner au cinéma ? Un garçon ou une fille ? – *Je préfere les garçons pour m'accompagner au cinéma.*

Aufgabe 94

| | |
|---|---|
| 1 | « Est-ce que vous acceptez des chèques ? » |
| 4 | « Qu'est-ce que c'est ? » |
| 5 | « Oh, qui est-ce, là, à la télé ? » |
| 2 | « Mais qu'est-ce que tu fais ? » |
| 3 | « Alors, qu'est-ce que tu veux ? » |
| 1 | « Oui, bien sûr. Cela fait 55 euros. » |
| 2 | « Je joue avec les pommes. C'est super ! » |
| 4 | « C'est un Camembert de Normandie. » |
| 3 | « Prenons un vin rouge. » |
| 5 | « C'est Sophie Marceau, l'actrice. » |

Aufgabe 95*

a) Tu t'appelles comment ? – Comment est-ce que tu t'appelles ?
b) D'où est-ce que tu viens ? / Tu viens d'où ? / Tu habites où ?
c) Tu as quel âge ? / Quel âge as-tu ?

d) Qu'est-ce que tu fais (comme travail) ? / Quel est ton métier ?
e) Qui écoute ta musique ?
f) Est-ce que tu chantes seulement en français ?
g) Pourquoi est-ce que tu es (devenu) chanteur ?
h) Comment s'appelle ton dernier album ?
i) Qu'est-ce qu'on parle au Sénégal ? / Qu'elle langue est-ce qu'on parle au Sénégal ?
j) Comment s'appelle la capitale du Sénégal ?
k) Où est-ce que tu habites ?
l) Qu'est-ce qui te plaît à Dakar ? / Qu'est-ce que tu aimes à Dakar ? / Pourquoi est-ce que tu aimes Dakar ?
m) Qu'est-ce que tu fais le dimanche ?
n) Où se trouve le Sénégal ?
o) Est-ce que tu vas bientôt chanter en France ? Vas-tu bientôt chanter en France ?
p) Est-ce qu'il y a encore des tickets pour ton concert ?
q) Qu'est-ce que tu préfères, la France ou le Sénégal ?
r) Est-ce que tu connais l'Allemagne ?

**Aufgabe 96**
a) J'aime bien le tennis et j'aime aussi le ping-pong.
b) Ma mère joue au tennis mais mon père ne joue pas.
c) Mon grand-père m'a acheté ma première raquette quand j'ai fêté mon $5^{e}$ anniversaire.
d) La raquette était très belle, donc je jouais beaucoup.
e) J'apprenais beaucoup parce que j'avais un bon entraîneur.
f) Comme mes parents me payaient un professeur privé, je jouais chaque jour.
g) Mon grand-père me regardait toujours pendant que je m'entraînais.
h) Quand il y avait un match ma mère m'y conduisait ou mon père prenait le train avec moi.
i) Le tennis, c'est dur, donc je ne sais pas si mes enfants vont aussi faire du tennis.
j) Maintenant je joue moins, car je dois travailler beaucoup pour l'école.

**Aufgabe 97**
[1]car/parce que; [2]donc (et); [3]mais; [4]car/parce que; [5]que; [6]donc; [7]ou; [8]et; [9]quand; [10]comme; [11]ou; [12]quand; [13]si; [14]mais; [15]quand; [16]car/parce que; [17]car/parce que; [18]si; [19]et; [20]ou; [21]donc

**Aufgabe 98** [1]mais; [2]parce que/car; [3]et; [4]quand; [5]parce qu'/car; [6]que; [7]s'; [8]mais; [9]parce que/car; [10]ou; [11]pendant que; [12]donc; [13]comme; [14]et; [15]si

**Aufgabe 99** [1]derrière; [2]devant; [3]dans; [4]sur; [5]sous; [6]à côté

**Aufgabe 100**

a) sur
b) vers
c) sur
d) dans
e) sur
f) près
g) en
h) en; avec/près de
i) à côté de
j) à
k) avec/sous
l) à
m) à

**Aufgabe 101** Voilà ma chambre. Dans ma chambre il y a un lit. Sur ce lit, il y a souvent mes bandes dessinées, mes livres, etc. Sous le lit il y a des vêtements, des jeux et mes chaussures. Ma mère n'aime pas cela ! A côté du lit il y a une chaise, et derrière la chaise il y a mon bureau. La chaise et le bureau se trouvent devant la fenêtre. Au mur il y a quelques posters avec des stars de la musique pop. Et j'ai une étagère à côté du bureau. Sur cette étagère il y a mes livres.

**Aufgabe 102** [1]à; [2]chez; [3]le; [4]au; [5]chez; [6]chez/avec; [7]avec; [8]dans; [9]dans; [10]par; [11]à; [12]à; [13]dans; [14]pendant; [15]chez; [16]dans; [17]dans; [18]chez; [19]en; [20]le; [21]dans; [22]à; [23]avec; [24]sur; [25]sous; [26]à côté; [27]devant; [28]avec; [29]à côté; [30]après; [31]après; [32]jusqu'à

**Aufgabe 103** *Lösungsvorschlag:*

Chère Sylvie, Carnon, le 12 août 2004

un petit bonjour du sud de la France. C'est super ici ! Il fait très beau, alors nous allons souvent à la plage pour nous baigner ou nous nous promenons à la plage. Un jour nous avons visité Nîmes et le Pont du Gard parce que maman aime bien les bâtiments des Romains ! Moi, je préfère la plage ! Mais j'ai pris beaucoup de photos de Nîmes pour te montrer tout. Lundi nous rentrerons en avion.

À bientôt, gros bisous,

Murielle

ufgabe 104

| | | | |
|---|---|---|---|
| a) | 90 centimes | b) | 72 euros |
| c) | 99 centimes | d) | 75 centimes |
| e) | 1888 euros | f) | 336 euros |
| g) | 83 centimes | h) | 70 centimes |
| i) | 94 centimes | j) | 200 euros |
| k) | 71 centimes | l) | 151 euros |

ufgabe 105

| | | | |
|---|---|---|---|
| a) | soixante et onze | b) | quatre-vingt-dix-neuf |
| c) | cent un | d) | deux cent vingt-neuf |
| e) | huit cent quatre-vingt-huit | f) | deux mille deux |
| g) | trois millions | h) | quatre-vingt-cinq |
| i) | six cent soixante-quinze | j) | quatre cent quatre-vingt-treize |
| k) | soixante-dix-huit | l) | cent trente |

ufgabe 106

| numéro | département | chef-lieu | région |
|---|---|---|---|
| 87 quatre-vingt-sept | Haute-Vienne | Limoges | Limousin |
| 79 soixante-dix-neuf | Deux-Sèvres | Niort | Poitou-Charentes |
| 91 quatre-vingt-onze | Essonne | Evry | Île-de-France |
| 70 soixante-dix | Haute-Saône | Vesoul | Franche-Comté |
| 74 soixante-quatorze | Haute-Savoie | Annecy | Rhône-Alpes |
| 92 quatre-vingt-douze | Hauts-de-Seine | Nanterre | Île-de-France |
| 75 soixante-quinze | Paris | Paris | Île-de-France |
| 73 soixante-treize | Savoie | Chambéry | Rhône-Alpes |
| 77 soixante-dix-sept | Seine et Marne | Melun | Île-de-France |
| 76 soixante-seize | Seine-Maritime | Rouen | Haute-Normandie |
| 80 quatre-vingts | Somme | Amiens | Picardie |
| 81 quatre-vingt-un | Tarn | Albi | Midi-Pyrénées |
| 94 quatre-vingt-quatorze | Val de Marne | Créteil | Île-de-France |
| 95 quatre-vingt-quinze | Val d'Oise | Pontoise | Île-de-France |
| 83 quatre-vingt-trois | Var | Toulon | Provence-Alpes-Côte d'Azur |

| numéro | département | chef-lieu | région |
|---|---|---|---|
| 84 quatre-vingt-quatre | Vaucluse | Avignon | Provence-Alpes-Côte d'Azur |
| 86 quatre-vingt-six | Vienne | Poitiers | Poitou-Charentes |
| 88 quatre-vingt-huit | Vosges | Epinal | Lorraine |
| 89 quatre-vingt-neuf | Yonne | Auxerre | Bourgogne |
| 78 soixante-dix-huit | Yvelines | Versailles | Île-de-France |

Aufgabe 107
a) la troisième
b) le dixième
c) le sixième
d) la quatrième
e) la huitième
f) le deuxième
g) le neuvième
h) le premier
i) le cinquième
j) la septième

Aufgabe 108
[1]la troisième; [2]la première; [3]la troisième; [4]la deuxième; [5]la première; [6]la première; [7]la deuxième; [8]la première; [9]la première; [10]la première; [11]la première; [12]la première; [13]la première

Aufgabe 109
a) premier
b) quatrième
c) onzième
d) quinzième
e) premier
f) deuxième
g) quatrième
h) premier, deuxième
i) douzième
j) septième
k) dixième
l) vingtième
m) septième
n) premier
o) troisième

Aufgabe 110
a) un demi-, la moitié du
b) trois quarts
c) un cinquième
d) un tiers
e) un sixième
f) un quart

ıfgabe 111

a) Un tiers de la classe veut visiter le parc Eurodisney.
b) Un cinquième de la classe veut visiter la ville de Paris.
c) Un septième de la classe veut aller visiter le zoo.
d) Un dixième de la classe veut faire une promenade avec pique-nique.
e) Un seizième de la classe veut aller visiter le château de Fontainebleau.
f) Un quart de la classe veut aller à la piscine.
g) Un vingtième de la classe veut aller au musée du Louvre à Paris.
h) La moitié de la classe veut aller au bord de la mer.
i) Un dix-neuvième de la classe veut aller voir la Tapisserie de Bayeux.
j) Un trentième de la classe veut rester à l'école.

Le résultat : Les élèves vont aller au bord de la mer.

ıfgabe 112

a) trois quarts
b) Un cinquième
c) La moitié
d) Un quart
e) Quatre cinquièmes
f) Deux cinquièmes
g) Un dixième
h) Sept dixièmes
i) Neuf dixièmes
j) Un tiers

# Bildnachweis

S. 2: Reichstag: www.photocase.de/Marco Pflanze; London: © Ross Parker, 2004; Kolosseum: Alex Fiore; Mühle: www.photocase.de/helfried
S. 5: Brotlaib: Tracy Scott-Murray
S. 22: Apfel: www.printmania.ro, PrintMania, digital printing services; Käse: Ana Abreu; Briefkasten: Lucas Mees
S. 32: jenny w.
S. 34: Keppens Toon
S. 36: Eiffelturm: www.photocase.de/the-ox; Grande Arche und Tour Montparnasse: www.aviewoncieties.com; ww.aviewoncities.com;Europaparlament: www.photocase.de/Friedrich Plechschmidt
S. 37: Papagei: Lyndon Smith; Maus: Lynne Lancaster; neue Kirche: Roy Mattappallil; alte Kirche: Lucas Mees
S. 38: Baum: Lars Sundström; Eiffelturm: Ramasamy Chidambaram
S. 39: Sophie: und Marc: Bobbie Osborne; Muriel: Enitia Karijodinomo; Sébastien: Kevin Dutra
S. 40: Mark Hillman
S. 55: Lucas Mees
S. 57: www.photocase.de/the-ox
S. 59: Freiheitsstatue: www.photocase.de/Stefan Friedrich; Central Park: Roque Corona
S. 69: Paris: www.aviewoncities.com; Nogent: © photo JM Lecomte
S. 79: Lucas Mees
S. 90: T. Al Nakib
S. 95: Cinetext/Allstar
S. 106: Lucas Mees
S. 117: Cinetext/Anna Meuer
S. 122: Kristi Falco
S. 128: Airbus: Emmanuel Wuyts; Pont du Gard: Philip Jackson; Strand: Felix Carretto; Fotoapparat: Rômulo Zanini
S. 131: Münzen: Witold Barski; Globus: Robb Kiser; Kerze: Penny G
S. 132: Säbel: Ahmed Al-Shukaili; Kappe: www.photocase.de/Judith; Monitor: Joanna Kopik

# Ihre Meinung ist uns wichtig!

Ihre Anregungen sind uns immer willkommen. Bitte informieren Sie uns mit diesem Schein über Ihre Verbesserungsvorschläge!

| Titel-Nr. | Seite | Vorschlag |
|---|---|---|
| | | |
| | | |
| | | |
| | | |
| | | |
| | | |
| | | |
| | | |
| | | |

Bitte hier abtrennen

16-V1M

Bitte ausfüllen und im frankierten Umschlag an uns einsenden. Für Fensterkuverts geeignet.

**Zutreffendes bitte ankreuzen!**

**Die Absenderin/der Absender ist:**

- ☐ Lehrer/in in den Klassenstufen: ______
- ☐ Fachbetreuer/in
  Fächer: ______
- ☐ Seminarlehrer/in
  Fächer: ______
- ☐ Regierungsfachberater/in
  Fächer: ______
- ☐ Oberstufenbetreuer/in
- ☐ Schulleiter/in
- ☐ Referendar/in, Termin 2. Staatsexamen: ______
- ☐ Leiter/in Lehrerbibliothek
- ☐ Leiter/in Schülerbibliothek
- ☐ Sekretariat
- ☐ Eltern
- ☐ Schüler/in, Klasse: ______
- ☐ Sonstiges: ______

**Unterrichtsfächer:** **(Bei Lehrkräften!)**

______

STARK Verlag
Postfach 1852
85318 Freising

**Kennen Sie Ihre Kundennummer?**
**Bitte hier eintragen.**

**Absender** **(Bitte in Druckbuchstaben!)**

**Name/Vorname** ______

**Straße/Nr.** ______

**PLZ/Ort** ______

**Telefon privat** ______ **Geburtsjahr** ______

**E-Mail-Adresse** ______

**Schule/Schulstempel** **(Bitte immer angeben!)**

Bitte hier abtrennen

*(Bitte blättern Sie um)*